O pêndulo da democracia

Leonardo Avritzer

O pêndulo da democracia

todavia

Para a Ana, pelo apoio

Introdução **9**

1. A *longue durée* da democracia e da
antidemocracia no Brasil **21**
2. As instituições do pêndulo democrático: 1946-2018 **49**
3. A crise da solução dos dois Estados **73**
4. Violência no Brasil: Do homem
cordial ao ódio cibernético **111**
5. Regressão democrática e o futuro
da democracia no Brasil **141**

Conclusão: A restauração da
institucionalidade democrática **167**
Posfácio **183**

Referências bibliográficas **193**

Introdução

A primeira semana de setembro de 2018 foi marcada por acontecimentos trágicos que serão lembrados na história do país nas próximas décadas. No dia 6 daquele mês, em Juiz de Fora, Minas Gerais, um desempregado revoltado com a crise brasileira e o discurso intolerante do então segundo colocado nas pesquisas para a presidência da República, o deputado Jair Bolsonaro, deu uma facada no candidato. O atentado gerou o mais inesperado dos resultados: ao levar o militar reformado à liderança nas pesquisas, a gravidade do ferimento o desobrigou de participar do debate público inerente ao processo eleitoral, o que não o impediu de obter mais de 46% dos votos no primeiro turno e 55% no segundo turno das eleições presidenciais. Com o ataque inesperado a Bolsonaro, o espectro da violência que rondava a política brasileira desde 2013 tornar-se-ia real, levando o eleitorado a legitimar nas urnas a candidatura de cujas hostes essa violência exalava abertamente.

Ainda mais grave que a reinserção da violência no debate político, a vitória de Jair Bolsonaro expressa diversos elementos que nos permitem declarar o fim da Nova República, a saber: a interferência radical do Poder Judiciário no processo de determinação da soberania política por meio das eleições; a perda de influência dos mecanismos tradicionais encarregados de tornar a campanha eleitoral um debate público, com a supremacia das redes sociais e dos aplicativos de troca de mensagens sobre os debates e a propaganda gratuita dos partidos na televisão; e, por último, a relativização da negatividade associada ao período autoritário vivido no Brasil a partir do golpe de 1964, referência até então compartilhada pelas principais forças políticas do país.

Na noite de 28 de outubro de 2018, com a definição da vitória de Bolsonaro, repetiu-se a celebração que se ouvia das janelas em 17 de abril de 2016, na fatídica votação da admissibilidade do impeachment da então presidente Dilma Rousseff. Ao ouvir a comemoração de meus vizinhos pela derrota de uma candidatura do campo progressista, pensei no longo caminho que levou o Brasil de forte consenso em relação à democracia a um retrocesso tão destrutivo, simbolizado pela eleição de um presidente, na melhor das hipóteses, semidemocrático.

Durante a votação do impeachment de Dilma, à medida que os votos iam sendo declarados, já era possível perceber, pela força de alguns temas anunciados, a ruptura do consenso em torno da democracia. Nas declarações, o nome de Deus apareceria diversas vezes, evocado pelo pastor Marco Feliciano e pelo presidente da Câmara, Eduardo Cunha, entre muitos outros. No entanto, o voto que representaria o auge do discurso de ruptura seria proferido pelo então deputado federal Jair Bolsonaro: "Neste dia de glória para o povo, tem um homem que entrará para a história. Parabéns, presidente Eduardo Cunha [...]. Pela memória do coronel Carlos Alberto Brilhante Ustra [...] o meu voto é sim". Ao homenagear o mais conhecido torturador do período autoritário em nosso país, seu voto seria a expressão mais contundente do novo período em que o Brasil entrara.

Entre 1985 e 2010, o Brasil contou com uma forte maioria pró-democracia, expressa na ausência de contestação dos resultados em todas as eleições de 1989 a 2010 e na inexistência de defesa institucional de violações dos direitos humanos pelo regime autoritário findo em 1985 — embora a Lei de Anistia tenha poupado seus violadores. O apoio era manifestado no silêncio dos que discordaram dos resultados eleitorais, mas os aceitaram como legítimos, inclusive as Forças Armadas, que pela primeira vez aceitaram civis no topo da hierarquia militar ao acatarem um civil no Ministério da Defesa a partir de 1999.

Como entender essas mudanças que abalaram elementos centrais do estado de direito e fragilizaram de tal maneira a democracia no país?

As diferentes discussões sobre os eventos políticos entre 2014 e 2018 envolvem duas linhas de raciocínio que, não por acaso, estão presentes nas principais teorias sobre a formação do Brasil. De um lado, a concepção de ruptura política presente no debate acerca da afinidade entre a sociedade brasileira e a prática democrática. De outro lado, a visão das elites sobre o país que relaciona ruptura política com a retomada do debate sobre a forma como as nossas corporações tradicionais na política exercem o poder. Hoje, somos obrigados a incluir a Polícia Federal, o Ministério Público, a Advocacia-Geral da União, entre as elites com frágeis convicções democráticas. A fragilidade da nossa democracia seria resultado tanto das ressalvas de nossas elites, expressas ao longo do processo eleitoral de 2018, quanto da forma como o Estado é predado pelas diferentes corporações caracterizadas pelo ódio aos setores populares.

A partir do impeachment, a concepção de ruptura política se reduziria a uma pergunta: foi golpe ou não foi? De natureza eminentemente política, a discussão permitiria ao governo Dilma Rousseff e ao Partido dos Trabalhadores reagir ao assalto ao centro do poder político capitaneado por Eduardo Cunha. À medida que eram vazados os áudios de Romero Jucá nos quais afirmava ser necessário estancar a sangria provocada pela Operação Lava Jato ou se articulava a absolvição de Temer pelo Congresso, em agosto de 2017, uma maioria de brasileiros também ia se convencendo de que o impeachment fora um golpe. Mas essa concepção enfrentaria problemas na sua transposição para o meio acadêmico. O conceito de "golpe" surge na teoria política na tradição maquiaveliana e é posteriormente definido por Gabriel Naudé como "aquelas ações arrojadas e extraordinárias que os príncipes são forçados a tomar em situações difíceis e desesperadas, contrariamente à lei comum, sem manter qualquer forma de ordem ou justiça, colocando de lado o interesse particular em benefício do bem público" (Naudé, 1679, apud Bianchi, 2016).

Por essa definição, parecem bastante claras as características do golpe na principal tradição da teoria política[1] — o golpe consiste em uma ruptura completa com a lei e com qualquer forma de ordem e justiça. Mas esse seria justamente o problema maior daqueles que abordam na academia a ideia de golpe. Na história latino-americana, o golpe militar tradicionalmente envolve elementos de ruptura com a ordem legal e institucional, como no caso do Ato Institucional nº 1, no Brasil, ou do Primeiro Comunicado da Junta Militar, que suspendeu as atividades políticas do Congresso na Argentina. Ou seja, em um golpe, como argumenta David Runciman em seu livro *Como a democracia chega ao fim*, nós vamos dormir em uma ordem política determinada e acordamos em outra. É bem verdade que, após a aceitação do impeachment pelo Senado, acordamos em um outro país no dia 13 de maio de 2016, um país pior e com menos direitos, mas ainda assim com a mesma ordem político-legal. É essa a mudança que este livro pretende explicar.

O meu argumento neste livro é que desde 2014 observamos no Brasil um processo contínuo de degradação institucional,

---

1 É verdade que, como lembra Alvaro Bianchi, Karl Marx utilizou o termo em um sentido amplo, especialmente em *O 18 de brumário de Luís Bonaparte*. Nesse livro, Marx se refere ao golpe de 2 de dezembro de 1851, mas também a movimentos menores como o golpe dentro do golpe. A princípio, eu afirmaria que a tradição de golpe como movimento menor dentro de um conjunto de movimentos políticos não se consolidou na teoria política. Vide Bianchi, 2016.

semelhante àquele discutido por Levitsky e Ziblatt em *Como as democracias morrem* e cujo auge foi a eleição de Jair Bolsonaro no dia 28 de outubro de 2018.

Vale a pena discutir a ideia do golpe com alguns dos principais cientistas políticos brasileiros. Wanderley Guilherme dos Santos defendeu brilhantemente a ideia de golpe parlamentar que contém ambos os elementos, de ruptura e de degradação institucional. Para ele, na sua versão parlamentar, o golpe implica "uma substituição fraudulenta de governantes orquestrada e executada por lideranças parlamentares" (Santos, 2017, p. 31). Assim, o ataque ao exercício do poder no seu centro político seria a característica principal do golpe parlamentar, embora não esteja presente, nessa concepção, o elemento da ruptura assinalado por Naudé e, mais recentemente, por Levitsky e Ziblatt. Além disso, nesse novo formato de descontinuidade de governo, surgiria uma outra dimensão ausente nos golpes clássicos e que Santos caracterizaria do seguinte modo: "A letra escrita da lei, que continua em vigência, não guarda eficácia operacional indisputada, de que o golpe bem-sucedido, aliás, é contundente evidência. Disputa-se precisamente qual é o sentido da legalidade" (Santos, 2017, p. 17). É possível perceber que o golpe parlamentar se situa na interseção entre o golpe e o não golpe no sentido de que a ruptura forte e imediata se restringe apenas ao campo do exercício do poder e não se estende à tessitura das relações legais que, ainda assim, foram abaladas pelo ato legalmente questionável de afastamento da presidente. O processo eleitoral de 2018 acrescentou algumas características ao já conturbado processo político. Se até 2018 não tínhamos ainda o general que dizia não aceitar o resultado político, durante o julgamento do habeas corpus do ex-presidente Lula pelo STF passamos a ter. E se ainda faltava o candidato a cargo eletivo que não aceitaria o resultado do processo eleitoral, Jair Bolsonaro, agora presidente, colocou o sistema eleitoral em dúvida em um vídeo gravado dentro do seu quarto no Hospital Albert Einstein após sofrer um atentado no início de setembro de 2018.

Há também uma segunda chave de interpretação da conjuntura a partir das ações da elite e de uma parcela da classe média. Não existem boas teorias acerca da formação da elite brasileira. De um lado, Raymundo Faoro e Francisco Weffort descrevem a formação da elite brasileira por meio de ações do próprio Estado. No entanto, essas teorias, como bem apontou Jessé Souza em diversas obras, são deficientes por sua incapacidade de abordar a escravidão como matriz de formação da sociedade e da elite brasileira (Souza, 2000; 2005; 2017). Ignorar o papel da escravidão e apontar o Estado português como única matriz de formação da sociedade brasileira, tal como fez Raymundo Faoro, constitui, de fato, um grande equívoco. Por outro lado, as sugestões de Souza, baseadas na obra de Gilberto Freyre, relacionando a escravidão com a criação das elites brasileiras e seu comportamento nos eventos políticos recentes, parecem muito parciais por dois motivos.

Em primeiro lugar, a análise não institucional do papel da escravidão nomeada como "ódio secular às classes populares" aparece, na análise do autor, conectada de modo muito superficial com uma situação conjuntural no Brasil (Souza, 2017, p. 171). Embora o argumento pareça pertinente na atual conjuntura, ele padece de alguns problemas ao não levar em consideração um aspecto bem mais complexo do comportamento da classe média que oscila na sua relação com as classes populares. Em diversos momentos, como ocorreu na democratização e nos anos iniciais do governo Lula, essa mesma classe se posicionou a favor de políticas de inclusão social, por exemplo. Os níveis de apoio ao programa Bolsa Família, na década passada, chegaram a quase 60% da população, mostrando a aceitação de uma política de inclusão por amplos setores da classe média (Campello e Neri, 2013). Assim, não faz muito sentido falar em ódio da classe média aos setores mais pobres antes de junho de 2013. Seria mais adequado articulá-la a uma mudança de posicionamento conjuntural para entender esse fenômeno que denominarei, neste livro, de pêndulo democrático.

Em segundo lugar, a teoria de Souza se baseia em uma tentativa falha de descrever a relação entre os diferentes setores da elite e da classe média no que diz respeito ao processo de organização da opinião pública no Brasil. Existe, de fato, uma relação estreita entre setores da elite e da classe média nessa organização. No entanto, o alinhamento entre a classe média e a elite é volátil e conjuntural. Durante a democratização, por exemplo, a "campanha das diretas" atraiu setores de classe média para o campo democrático, ao mesmo tempo que a maior parte dos setores da elite insistia em algum tipo de apoio ao regime autoritário. Eventualmente, os setores da elite acompanharam os da classe média na transição via colégio eleitoral, mas estes se mobilizaram em uma direção diferente da posição das elites naquele momento. É possível afirmar o mesmo em relação ao período entre 1989 e 1992, que culmina com o impeachment do ex-presidente Collor. Tanto as eleições de 1989 quanto o processo de impeachment de Collor contaram com um apoio importante da classe média, com a qual as elites se alinharam posteriormente. Desse modo, falta à tese de Jessé Souza um elemento de sintonia temporal capaz de mostrar que, ao lado dos elementos estruturais, existem elementos conjunturais que variam nos diversos momentos críticos da conjuntura política do país.

Nessa discussão, vale a pena apontar a significativa contribuição de Fábio Wanderley Reis, que ressalta a disjunção entre eleitorado e opinião pública como um fenômeno tanto conjuntural quanto estrutural pela sua relação direta com a desigualdade dos níveis de educação e com o acesso precário à informação por parte dos setores populares. Portanto, o que presenciamos, entre 2013 e 2018, foi um alinhamento entre classe média, opinião pública e elites cujos principais elementos ainda são obscuros e precisam ser analisados. Ainda assim, ao longo do processo eleitoral de 2018, começamos a assistir a um alinhamento entre classe média e elites que parecia inédito até então. Nessa nova configuração, o discurso antipetista processado por meio do Poder Judiciário começou a ser ampliado por uma parcela da classe média, que passou a considerá-lo mais importante do que a manutenção das instituições democráticas ou de uma estrutura de direitos.

Na análise do golpe por Wanderley Guilherme dos Santos ou por Jessé Souza falta um aspecto crítico, a saber, a percepção de um movimento pendular que alinha forças antidemocráticas ou protodemocráticas em determinadas conjunturas. Denomino esse elemento de "pêndulo da democracia" e o defino como a oscilação política pela qual passa a política brasileira entre certos períodos históricos nos quais elites e massas partilham um forte entusiasmo democrático e outros momentos em que a classe média adota uma visão antidemocrática, alinhada com as elites, e muitos setores populares aderem à rejeição da política ou à antipolítica. A conjuntura apresentada em 1945-6 trouxe elementos na direção da ampliação da democracia, tanto no que diz respeito às eleições quanto à nova Constituição elaborada no ano seguinte. A conjuntura 1985-8 seguiu, da mesma forma, a lógica de um otimismo acrítico com os entraves do processo de construção democrática. Os momentos regressivos em relação à democracia na história do Brasil também foram diversos e nos permitem estabelecer um padrão analítico. Em geral, esses momentos envolvem divisões políticas, crise econômica e profundo desacordo em relação ao projeto de país. Esse foi o cenário no qual se desenrolaram as crises de 1954 e 1964. Este é o cenário no qual a crise atual se insere.

A partir dessa chave, analisarei a conjuntura 2013-8 como um momento turbulento de degradação institucional contínua e de movimentação da elite e da classe média contra a soberania popular e a ordem democrática. Esse período se inaugurou com as manifestações públicas de 2013, iniciadas no campo político da esquerda e rapidamente transformadas em campo de expressão de setores conservadores, se analisarmos sua agenda assim como a renda e a escolaridade dos setores que as compuseram. As eleições de 2014 já expressavam um alinhamento mais formal entre elite e classe média, de um lado, e setores populares de outro. Essa composição alcança o seu ápice em 2015 e segue até o impeachment da ex-presidente Dilma Rousseff, em abril de 2016. Nesse momento, o pêndulo democrático se move. A diminuição da importância das eleições na discussão sobre o impeachment e o alinhamento judicial contra o governo eleito são as principais características dessa conjuntura e se acentuam com a eleição de Jair Bolsonaro. Sua vitória acrescenta um elemento a essa conjuntura que reforça a própria tese do pêndulo, uma vez que o período de ruptura com a democracia entre 1964 e 1985 passa a ser reabilitado pela própria narrativa política eleitoral.

A partir do impeachment e principalmente da eleição de Jair Bolsonaro, novos elementos se acrescentam à tendência antidemocrática, tais como o ataque do Poder Judiciário e das instituições de controle sobre o sistema político. Esse ataque, que permitiu a remoção do presidente da Câmara dos Deputados e a tentativa de remoção do presidente do Senado, se organizou em um crescendo a partir da suspensão de nomeações ministeriais e da suspensão do indulto natalino, todos eles prerrogativas exclusivas do presidente da República. Ao mesmo tempo, a intervenção no Rio de Janeiro e a tentativa de uso das Forças Armadas na greve dos caminhoneiros em maio de 2018 completaram a equação de violação de direitos e de adesão a uma política de segurança pública anticidadã. O auge desse estado de coisas se evidenciaria com a justificação aberta da violência por candidatos políticos que, não por acaso, acabaria se manifestando explicitamente no atentado contra o próprio Bolsonaro e em ações de seus apoiadores quando indivíduos foram agredidos ou até mesmo assassinados, como no caso do capoeirista Moa do Katendê, esfaqueado em Salvador. A teoria do pêndulo democrático tentará explicar esses fenômenos construídos paulatinamente entre 2013 e 2018.

Os dois primeiros capítulos do livro abordarão as principais características institucionais do pêndulo. No capítulo 1, voltaremos à discussão realizada por Sérgio Buarque de Holanda em 1948 acerca da compatibilidade entre a formação política do Brasil e a democracia. Mostrarei que a discussão sobre a vocação democrática do país já estava presente naquela época e constituía parte do debate político na academia. Partiremos da posição de Sérgio Buarque de que não se pode afiançar nossa incompatibilidade com a democracia para discutir analiticamente os principais elementos pendulares da construção democrática brasileira.

Mostrarei no capítulo 2 as conjunturas específicas em que o pêndulo se moveu e, também, as instituições por meio das quais ele opera. Nesse caso, examinaremos a Lei do Impeachment e o funcionamento da Justiça Eleitoral como elementos da contrademocracia, para usar o termo de Pierre Rosanvallon. Apesar de esses elementos serem inerentes à própria democracia, existe uma relação de hierarquia e subordinação entre eles em todas as democracias modernas. O espectro amplo da Lei do Impeachment e da Justiça Eleitoral no Brasil situa-se em contraposição aos arranjos democráticos mais exitosos, e esse será o ponto esmiuçado no capítulo 2.

Os capítulos 3 e 4 tratam de duas questões centrais em todas as conjunturas pendulares no Brasil: o papel do Estado e a solução de conflitos políticos em uma base consensual ou democrática. O papel do Estado no país é debatido intensamente desde o fim dos anos 1950 e sempre implicou em fortes divergências entre os principais setores econômicos (Singer, 2015). A novidade dos últimos vinte anos é a presença de um Estado Social com despesas fixas sendo atacado pelas elites econômicas. Ao mesmo tempo, as despesas financeiras fixas do Estado brasileiro nunca chegam a entrar na discussão política. O tema do capítulo 3 será o esgotamento de um modelo de privilégios estatais e o enfrentamento político aberto, envolvendo diversas formas de violência política no que se refere ao papel do Estado.

O papel da violência no processo de formação nacional é ainda uma questão em aberto. Apesar da construção de uma imagem do país como uma nação pacífica e generosa, o Brasil concentra cerca de 12% dos homicídios em todo o mundo, índice superior à soma das ocorrências nos Estados Unidos e na Europa. A ideia do homem cordial e de um processo não violento de incorporação dos excluídos na sociedade, herdada da obra de Gilberto Freyre e expandida pela análise de diversos outros autores nos anos 1930, entre eles Stefan Zweig, parece ter desconsiderado completamente o problema da violência estrutural contra os negros antes e depois da abolição da escravidão. A essa violência associa-se a existência de um sistema judicial que não respeita o direito penal e estabelece um estado de exceção no que se refere à população prisional. O comportamento anticidadão do Judiciário persiste desde os anos 1950,[2] pelo menos, e se

---

2 Diversos episódios importantes da história do Brasil expressam essa característica do sistema judicial. José Murilo de Carvalho, no livro *Pontos e bordados* (1998), mostra as fortes violações do direito à vida em episódios como o da Revolta da Chibata e a rebelião dos marinheiros do encouraçado *Minas Gerais*, em 1910. Graciliano Ramos, em *Memórias do cárcere*, também aborda a questão das violações sistemáticas de direitos dos presos, experienciadas por ele próprio quando ficou preso na Ilha Grande, sem nunca ter sido feita uma acusação formal contra ele.

manifesta na crise atual por meio de uma série de práticas como isolamento ilegal de presos, vazamento de informações, violação de privacidade e impedimento da progressão penal, todas elas utilizadas pela Operação Lava Jato. Mas não é apenas no campo do comportamento judicial que se manifestam elementos de violência tradicionais. Uma novidade tensiona ainda mais o campo social: o fundamentalismo religioso estendido à política, que se expressa nas redes sociais e se articula com o Poder Judiciário. No capítulo 4, mostrarei o modo pelo qual a operação regressiva do pêndulo democrático utiliza tradições de violência do Poder Judiciário e da sociedade em geral reforçadas pelo fundamentalismo religioso, que articula as duas dimensões.

No capítulo final, um balanço da regressão democrática entre 2013 e 2018 revelará alguns fenômenos e episódios que compõem esse cenário tortuoso. Em primeiro lugar, surge um setor conservador que hoje abrange pelo menos 9% da população e que tem preponderância nas redes sociais. Ao mesmo tempo, o apoio à democracia sofre uma deterioração em setores com altos índices de renda, levando a mudanças no que diz respeito às garantias individuais. A intervenção federal no Rio de Janeiro e a prisão do ex-presidente Lula após um processo ideológico no Tribunal Regional Federal da 4ª Região também estão associadas a uma nova disposição da classe média em romper com a democracia, a qual foi expressa no voto maciço em Jair Bolsonaro pelos eleitores das regiões Sul e Sudeste do país. Ainda assim, cabe terminar esta introdução com uma nota relativamente positiva. O bolsonarismo é sintoma dos elementos não democráticos da ordem política brasileira, mas a sua dificuldade de se tornar hegemônico aponta para um país ambíguo em relação à democracia, mas democrático. Desde que classe média e setores populares voltem a se associar na defesa da democracia e do estado de direito será possível a reversão do momento pendular da contrademocracia.

I.
A *longue durée* da democracia e da antidemocracia no Brasil

O Brasil vive desde junho de 2013 uma crise política de grandes proporções. Essa crise diminuiu fortemente o apoio dos brasileiros à democracia e a confiança no sistema político do país. Em pesquisa de opinião realizada em 2018, a aprovação dos membros do Congresso Nacional estava em torno de 5%, e apenas 1% dos brasileiros se dizia muito satisfeito com a democracia (INCT, 2018). Muitos elementos dessa crise impressionam, e um deles adquire particular relevância tanto para os brasileiros quanto para os analistas internacionais: como foi possível transitar de uma situação na qual os brasileiros estavam relativamente satisfeitos com a nossa democracia, que foi capaz de resolver problemas graves como o da inflação e diminuir significativamente a desigualdade — os dois problemas que mais afligiam a nossa cidadania no início do processo de democratização —, e em pouco mais de cinco anos estar em uma situação de crise institucional generalizada?

É nesse sentido que se coloca uma questão teórica, analítica e metodológica: como entender as regressões pelas quais a democracia brasileira tem passado entre 2013 e 2018? Elas constituiriam apenas uma derrapada em um longo processo de construção democrática, como aconteceu nos Estados Unidos durante o macarthismo ou na Itália durante o período de enfrentamento das Brigadas Vermelhas?

Lembremos do episódio mais importante de regressão democrática na democracia mais longeva do planeta, o macarthismo.

Esse processo de repressão política e delação ligado às atividades do senador norte-americano Joseph McCarthy respondeu à paranoia que se instalou nos Estados Unidos com a Guerra Fria. Quando foi proposto um conjunto de legislações para investigar ações comunistas nos Estados Unidos, o presidente do país vetou a legislação dizendo que aquilo não era o jeito americano de fazer as coisas. O veto foi derrubado por ambas as Casas do Congresso. No entanto, alguns anos depois, a própria Suprema Corte do país derrubaria a legislação que criou o Comitê de Atividades Antiamericanas. Logo, é possível afirmar que países passam por regressões democráticas, mas voltam, em alguns anos, a uma trajetória democrática normal, na qual prevalece o pluralismo de ideias.

No Brasil contemporâneo, temos fortes evidências de retrocessos para considerar as mudanças representadas pela ascensão de Bolsonaro apenas uma derrapada em um longo percurso político. As evidências estão ligadas às graves violações dos direitos e das garantias fundamentais asseguradas pela Constituição de 1988 e à disputa interinstitucional iniciada com a crise do governo Dilma Rousseff. Durante as eleições de 2018 assistimos à volta de um fantasma que já havia deixado de assombrar os brasileiros — declarações políticas de militares sobre o processo sucessório. Temos, assim, o que podemos denominar um momento de desinstitucionalização do processo de resolução de conflitos políticos no país.

A explicação que este livro pretende propor, e que será abordada teoricamente neste capítulo, é que o Brasil tem uma democracia de estrutura pendular que alterna momentos de forte expansão democrática com momentos de regressão democrática. Vivemos, pelo menos desde 1946, períodos de forte otimismo nos quais acordos políticos são feitos pela via da modernização lenta e parcial do nosso sistema político. Nesses acordos, entretanto, aspectos fundamentais da nossa estrutura de poder permanecem intactos, tais como um sistema econômico permeado por privilégios políticos, um Judiciário impermeável à modernização democrática, uma estrutura de polícias militares que não permite a generalização de direitos civis, para não falar de forças armadas que, ao se retirarem do poder, trocaram a interferência direta na política pelo corporativismo e alguns projetos militares estratégicos sem transparência alguma.

Sugiro demarcar esta análise abordando momentos fundamentais por que passou a política brasileira, o pré-1964, o pós-1985 e o período recente entre 2013 e 2018. Trata-se de perceber que existe um duplo movimento. De um lado, seguindo a análise recente de Levitsky e Ziblatt, argumento que existem atores no Brasil com um compromisso democrático facilmente relativizável. Esses atores estão tanto no mercado quanto na política e são capazes de desencadear movimentos regressivos no pêndulo democrático quando eles perdem acesso ao Estado ou na medida em que o Estado se abre na direção de atores políticos ou econômicos considerados não desejáveis. Foi assim nos períodos Juscelino Kubitschek e pré-1964, foi assim no período 2013-6, como mostrou recentemente Singer. Ao fim de cada momento incorporador, como foram os de 1950-64 ou 2003-14, temos uma forte crise que passa a envolver lances democráticos e não democráticos. A conjuntura 1950-64 gerou um período democratizante com Juscelino Kubitschek (1956-61) e um de ruptura democrática logo em seguida. A conjuntura 1988-2014 termina com uma eleição cujos resultados são contestados pela oposição e pelo mercado. Logo, as disputas em torno de um momento que pode ser descrito como de crise estrutural ou disputa de projetos políticos afetam a organização da democracia no Brasil.

Neste capítulo, descreverei os elementos analíticos do pêndulo da democracia usando como exemplo dois momentos ou duas conjunturas bastante opostas no Brasil: a primeira conjuntura é a dos períodos democratizantes. Mostrarei que, nessas conjunturas, o pêndulo democrático implicou, via de regra, uma enorme subestimação dos impasses e dos problemas da democracia nos períodos anteriores. Também analisarei a conjuntura das rupturas que demarcaram esses movimentos pendulares, tanto de 1964 quanto de 2016. Houve nesses períodos uma reconexão com elementos não democráticos das circunstâncias anteriores. Argumentarei que só é possível entender a democracia brasileira quando entendemos os dois momentos de forma integrada.

Caminhos tortuosos na produção de igualdade civil no Brasil

O Brasil já passou tanto por momentos de otimismo em relação à sua democracia quanto por períodos absolutamente pessimistas ou de forte consenso antidemocrático. É nesse sentido que proponho a ideia de analisar não o imediato, mas a *longue durée*[1] da democracia como um movimento oscilante. Trata-se de entender a democracia no Brasil baseada em um processo de construção mais longo, que deve ser pensado a partir das tentativas de instauração de uma ordem democrática no pós-guerra e dos inúmeros elementos/momentos

[1] Uso o conceito *longue durée* de modo não completamente ortodoxo. Braudel define a *longue durée* como um processo que dá prioridade, na análise social, às estruturas históricas de longo prazo. Ele pensou essas estruturas como grandes formações econômicas capazes de influenciar a história mais profundamente do que uma concepção de história baseada em fatos. Neste livro, tomo emprestado esse conceito em um sentido menos econômico e um pouco menos estrutural. Trata-se, nesse caso, de estruturas de longo prazo ainda que não tão antigas quanto as estruturas do mundo mediterrâneo analisadas por Braudel. Também não faço distinção entre estruturas econômicas e estruturas políticas. Ver Braudel, 1982.

autoritários que sobreviveram às democratizações do nosso país em 1946 e 1985 e que se rearticularam posteriormente. Nesse sentido, a interpretação que proponho é que o país oscila, desde 1946, entre ondas de otimismo democrático e fortes inversões antidemocráticas.

Existem duas características interessantes quando o pêndulo da política brasileira se torna democratizante, como aconteceu nos períodos 1946-54 e 1985-2014. Nesses casos, o pêndulo, ou por que não dizer o consenso político, está fortemente orientado para o futuro e exala um forte otimismo. A conjuntura inaugurada com a derrota do nazismo na Segunda Guerra Mundial trouxe esse clima para o Brasil.

Entre 1945 e 1948, o país respirou os ventos democráticos que sopravam mundo afora e que levaram à redemocratização da Alemanha e da Itália. Foi nesse contexto que Sérgio Buarque de Holanda reescreveu o seu livro *Raízes do Brasil*. No capítulo intitulado "Nossa revolução", o autor mergulhou de cabeça no espírito da época. Assim, ele menciona em 1948 a "zona de confluência" entre a cultura brasileira e os ideais democráticos, apesar de, em escritos anteriores, ter sido mais cético sobre esta mesma zona de confluência (Holanda, 2016, p. 219). Vale lembrar que pouco mais de uma década antes, Buarque de Holanda, bem como diversos de seus colegas de esquerda e de direita, afirmavam a tensão ou incompatibilidade entre a formação brasileira e os ideais democráticos e criticavam abertamente as eleições (ou pelo menos algumas eleições).

Meu ponto de partida para a apresentação do movimento pendular é uma afirmação sobre a democracia presente em *Raízes do Brasil*. Sigo aqui a análise de Brasilio Sallum Jr., que demonstrou convincentemente que a democracia para Sérgio Buarque constitui, ao mesmo tempo, uma aspiração social e uma realidade em gestação. É como realidade em gestação que Buarque de Holanda afirma que "não é justo afiançar-se [...]

nossa incompatibilidade absoluta com os ideais democráticos. Não seria mesmo difícil acentuarem-se zonas de confluência e de simpatia entre esses ideais e certos fenômenos decorrentes das condições de nossa formação nacional" (Holanda, 2016, p. 219). Essa sentença, modificada junto com outras passagens[2] na edição de 1948, foi parte da onda otimista que varreu o país naquele momento. É possível afirmar que a posição de Sérgio Buarque foi entendida de forma mais otimista que o seu conteúdo sugere. Afinal, o autor apenas realizou duas constatações na passagem anterior: uma, de que não existe uma incompatibilidade absoluta entre a formação brasileira e a democracia, um argumento que segue a sua visão sobre a tensão entre iberismo e liberalismo; em seguida, ele enumera algumas compatibilidades, entre as quais a mais importante seria a aproximação entre a doutrina liberal e a presença do homem cordial na nossa formação. Vale a pena tratar em detalhe essa perspectiva presente tanto nos elementos democráticos da nossa formação quanto nos elementos não democráticos.

A tese de Sérgio Buarque de Holanda de que existem poucos elementos liberais na formação brasileira é uma tese correta que merece elaboração porque os elementos não liberais ou de um liberalismo extremamente parcial se manifestam, recorrentemente, em nossos períodos de conflitos políticos. Não conseguimos, entre 1946 e 2018, estabelecer uma estrutura razoável de vigência de direitos civis, supostamente aqueles que seriam os fundamentais na estruturação da ordem liberal democrática. Entender os problemas para a construção de uma ordem liberal e democrática no Brasil significa, antes de mais nada, entender o funcionamento dos elementos judiciais

---

2 Refiro-me aqui às observações realizadas por Luiz Feldman acerca de páginas acrescentadas, mas principalmente da supressão de passagens sobre a infalibilidade do voto da maioria. Ver Feldman, 2015, p. 193.

e civis no país. O processo de elaboração de constituições, entre 1946 e 1988, ou mesmo antes, não trouxe um *aggiornamento* mínimo em relação à vigência de direitos capaz de consolidar a ordem democrático-liberal. Portanto, depois de certo período democrático, gera-se um período antidemocrático ou de tonalidade autoritária.

O motivo dessa instabilidade decorre, em primeiro lugar, do fato de nossa tradição liberal não ter sido capaz de alinhar o Judiciário na estrutura de divisão de poderes; trata-se de um problema que, como mostraremos neste livro, continua sem solução. A formação de magistrados e o funcionamento da Justiça continuam se organizando de forma intraoligárquica e não pautada pela garantia de direitos civis. Passamos, durante esse período de mais de setenta anos, por dois momentos diferenciados, ambos problemáticos, no processo de formação de uma tradição de direitos. Como veremos mais à frente, tais momentos não propiciaram nem a supressão da violência nem sua submissão às regras do constitucionalismo liberal. O primeiro momento, bem descrito por Buarque de Holanda, é de tangenciamento do constitucionalismo liberal durante o fim do século XIX e de construção de uma tradição de tolerância possível, mas problemática. Problemática porque o Brasil não constitucionalizou limites para a ação do Judiciário e dos órgãos policiais ou, quando o fez, isso não se tornou efetivo no sentido da criação de uma tradição de garantias individuais. Essa tradição, quando existiu, foi por meio de estruturas intraoligárquicas próprias ao Poder Judiciário. Assim, o desenvolvimento de um constitucionalismo liberal sem o pano de fundo de uma tradição sólida de direitos e garantias individuais gerou um problema que reaparecerá dramaticamente em diversas conjunturas, em especial em 1964-74 e em 2013-8.

Vale a pena investigar os motivos pelos quais a nossa tradição de direitos é tão frágil. Sérgio Buarque de Holanda faz a seguinte afirmação no seu clássico *Raízes do Brasil*: "a contribuição brasileira para a civilização será de cordialidade — daremos ao mundo o "homem cordial". A lhaneza no trato, a hospitalidade, a generosidade, virtudes tão gabadas por estrangeiros que nos visitam, representam, com efeito, um traço definido do caráter brasileiro na medida, ao menos, em que permanece ativa e fecunda a influência ancestral dos padrões de convívio humano, informados no meio rural e patriarcal" (Holanda, 2016, p. 176).

Sérgio Buarque de Holanda aponta para um traço interessante que pode ser o ponto de partida para o entendimento da relação entre cordialidade e violência e explicar a fraqueza da tradição de direitos civis no Brasil. A princípio, o tangenciamento dos direitos e da democracia poderia ocorrer por esse *detour* da tradição liberal que tem o homem cordial no seu centro. Por outro lado, é possível sustentar que a ideia do homem cordial se assenta nessas instituições do Brasil colonial e não ao largo delas, ou seja, o homem cordial seria o lado paralelo das instituições rurais do Brasil escravocrata e imperial.

A ideia de homem cordial está ligada a dois elementos da sociabilidade brasileira: uma aversão a rituais e uma tentativa de estabelecimento de intimidade. A aversão a rituais, especialmente os rituais de certa nobreza imperial, está ligada ao fato de haver poucos recursos no campo brasileiro, sejam econômicos ou de qualquer outra ordem. Nesse sentido, a ideia ou o conceito do homem cordial se articula com outra parte do argumento de Sérgio Buarque de Holanda sobre a inexistência de cidades ou sobre a incapacidade de as cidades organizarem a sociabilidade no Brasil, como sustenta George Avelino Filho. Esse argumento, construído de forma comparativa com a América hispânica, tem pontos fortes e fracos no que diz respeito à criação de uma sociabilidade igualitária. Para Buarque de Holanda, a cidade no mundo hispânico é observada do ponto de vista de um ordenamento burocrático que expressaria um elemento de dominação no mundo conquistado (Holanda, 2016, p. 115). Nesse sentido, uma das grandes demarcações feitas por esse autor é entre urbano e rural, no qual ele não deixa de ressaltar uma oposição entre um antirritualismo português versus um ordenamento burocrático dominador dos espanhóis. Evidentemente a análise do rural versus o urbano não pode se restringir a essa oposição e caberia aqui a comparação com um terceiro modelo, que é a cidade norte-americana e os instrumentos de democracia local, tais como Alexis de Tocqueville os descreveu.

No entanto, vale a pena mantermos o foco da nossa análise na maneira como o homem cordial se estabelece como um caminho ao largo da modernização europeia supostamente em alternativa a um princípio abstrato e ordenador que, para Sérgio Buarque de Holanda, teria se manifestado nas cidades coloniais da América hispânica. A interpretação de George Avelino Filho (1987, p. 2) apresenta uma excelente síntese do argumento:

> O homem cordial é a síntese de todo esse processo. A herança ibérica, específica dentro da Europa, consegue manter-se estruturada enquanto visão de mundo, passando ao largo das grandes transformações que abalaram a sociedade europeia, como a Reforma protestante e as revoluções científicas, e apontaram para o caminho de uma maior racionalização das relações sociais. Tal caminho é francamente distinto daquele trilhado pela cultura da personalidade. Esta resistia a qualquer tipo de visão de mundo que, ao fundamentar-se num princípio abstrato e ordenador, exigia disciplina para sua consecução. Será esta cultura, de limitada capacidade de abstração, objetivação e planejamento, que engendrará o processo de colonização de uma forma quase anárquica. Ele será estruturado em grandes propriedades

monocultoras e escravistas, fechadas em si mesmas, com maior relação com o exterior da colônia, a Metrópole principalmente, do que com seus vizinhos. Daí a força do princípio mais básico de autoridade, a autoridade patriarcal, e sua exigência indiscutível de obediência e submissão.

Sérgio Buarque de Holanda, ao se limitar a uma comparação entre a América portuguesa e a espanhola, deixa de perceber diversos elementos importantes para tentar entender a formação brasileira e sua relação com a democracia. Para os objetivos deste capítulo, enumerarei aqui os dois principais.

Em primeiro lugar, há o papel da cultura da intimidade. Existe um exagero da contribuição da ideia de intimidade na formação de uma cultura democrática no Brasil. Esse argumento não é só de Sérgio Buarque e tem uma tradução antropológica, na década de 1990, na obra de Roberto DaMatta. Este último supõe que a intimidade ou as formas pessoalizadas de relação têm origem em um modo de sociabilidade não liberal. Roberto DaMatta, em sua atualização do argumento de Sérgio Buarque, faz duas afirmações que são importantes para entender os limites do argumento: a primeira delas é a da rua enquanto espaço da não lei ou da ausência de regras, e a segunda é a da lógica da pessoalidade nas relações com membros da administração pública. Em relação a esse ponto, DaMatta tenta mostrar que é sempre possível estabelecer uma estratégia pessoal em relação a órgãos burocráticos. Tratamentos como "doutor" para os advogados[3] ou sociabilidades

---

3 Vale a pena mencionar a discussão entre Lula e a promotora pública que exigiu ser tratada de doutora por ele durante audiência com o juiz Sérgio Moro, em Curitiba, em 13 de setembro de 2017. A lei que exige o tratamento de "doutor" para advogados é um decreto editado durante o Império em agosto de 1827 e não foi revogada pela República nem durante a promulgação da Constituição de 1988.

pseudoigualitárias surgem no campo do social. Ao mesmo tempo, há um segundo problema que é a enorme dificuldade em se adaptar a estruturas de cidadania igualitária, algo que parece ser elogiado na obra de DaMatta, que tende a supor que este constitui um elemento alternativo para a construção da sociabilidade no Brasil, deixando de perceber que a segmentação da cidadania pela via da personalização não é um caminho para a construção da igualdade civil.

A questão apresentada aqui é bastante relevante para discutir os elementos igualitários e não igualitários da ordem social brasileira. A personalização de comportamentos que ocorre em relação a diversas formas da política no Brasil é de fato diferente da que se vê em outros países. Os políticos são conhecidos, via de regra, pelo seu primeiro nome ou apelido: Juscelino, Lula, Aécio, Fernando Henrique etc. Em geral, a estratégia de personalização é forte em relação às instituições burocráticas do Estado. E, como bem observou DaMatta, quando os indivíduos procuram conhecidos nas repartições públicas, eles estão buscando um tratamento pessoal em vez de um impessoal. A questão é se esses elementos criam igualdades ou desigualdades.

Eu pessoalmente argumentaria que o Brasil segue um padrão de não produção da igualdade civil. Os serviços que seriam proporcionados igualitariamente aos cidadãos foram, na maior parte da história do Brasil, oferecidos de forma segmentada a cada um dos grupos sociais de modo que a presença igualitária do Estado e dos serviços ligados à cidadania no Brasil é uma experiência recente. Some-se a isso que uma classe média que utilizou a estratégia de acesso privado a serviços sociais e a estruturas do Estado ao longo de todo o período de modernização recente, dos anos 1930 ao início do século XXI, se revolta com a perspectiva de ter que se submeter a estruturas igualitárias, do aeroporto ao Sistema Único de Saúde (SUS).

Demonstrarei mais à frente que isso é parte da atual insatisfação da classe média brasileira com o Estado.

Em segundo lugar, há o problema da não percepção de que a hierarquia na cultura rural que produziu o homem cordial é também controversa. A sugestão de que o conceito de homem cordial alimenta estruturas não formais de sociabilidade, o que parece ser verdadeiro do ponto de vista cultural, não quer dizer que ele também não alimente estruturas informais de hierarquia social que existiram no campo brasileiro e continuaram a existir nas cidades. Essas estruturas que permitem um acesso direto e diferenciado ao poder político não parecem ter sido devidamente levadas em consideração por Sérgio Buarque de Holanda. O trânsito que existiu na zona rural entre proprietário de terra, elites judiciárias e poder político se transmite a estruturas semelhantes no ambiente urbano. O acesso ao poder político e às estruturas do Estado moderno não é igual e, já nos anos 1930, esses diferentes elementos de acesso privilegiado ao Estado surgem e passam a incluir a própria Previdência Social, tal como será mostrado no capítulo sobre os dois Estados brasileiros. Também vale a pena mencionar o papel que o Poder Judiciário vai desempenhar no estabelecimento dessa estrutura social que é tudo menos democrática.

Elites, Judiciário, militares e eleições no Brasil (1946-2018)

Não é possível entender o movimento do pêndulo democrático sem entender o processo de formação e as práticas das elites no Brasil, o qual ainda não recebeu um tratamento adequado. Tomemos a definição clássica de elite, na sua acepção italiana com Mosca e Pareto. Os dois autores italianos achavam que as elites eram inevitáveis e que a disputa do poder nada mais era que uma circulação entre elites. Mas eles se distinguiam na questão do uso da violência. Segundo Pareto, algumas elites são como os leões, predadores pela violência, enquanto outras são como as raposas e prevalecem por meio da esperteza. A tradição anglo-saxã tem uma visão diferente das elites de acordo com a qual toda sociedade tem uma estratificação necessária entre governantes e governados. Estes últimos, as chamadas massas, são apáticos e necessitam de elites que orientem a direção da organização política. Quando miramos o problema brasileiro, percebemos que ele é um pouco mais complexo. Para entendê-lo, precisamos saber de que tipo de elites estamos falando. Adotemos, então, um exercício comparativo que vá além de uma oposição entre elites e massas para compreender o papel problemático das elites na construção da democracia no Brasil.

É possível diferenciar os países a partir de traços constitutivos de sua elite, isto é, faz-se necessário assumir que processos diferenciados de formação da elite produzem resultados distintos a longo prazo. Acemoglu e Robinson, em *Why Nations Fail*, abordam as características de longo prazo dos países e de suas elites, e chamam a atenção para dois problemas em uma discussão sobre elites e massas: o primeiro deles é a origem das elites no extrativismo colonial e na coerção do trabalho, e o segundo é a concepção de democracia e de justiça que as elites têm. Coerção do trabalho de diversas maneiras é um dos elementos formadores de uma tradição de elites que acentuam as divisões sociais. Evidentemente, no caso do Brasil, estamos falando de elites extrativas e de uma relação de superexploração do trabalho. Esses elementos estão ligados às práticas contemporâneas dessas elites que se expressaram na conjuntura 2013-8, tais como as características da contratação do trabalho doméstico, o rentismo financeiro e, por fim, a revisão da legislação que retirou direitos trabalhistas. No entanto, esse não é o único problema que os autores apontam, e eu gostaria de chamar a atenção para uma questão ainda mais grave: o papel da ideia de justiça e de garantias individuais no processo de formação dos países e de suas elites.

Acemoglu e Robinson destacam o papel do direito no processo de formação simbólica e institucional de alguns países, em especial os Estados Unidos e a Austrália. O caso dos Estados Unidos é bem conhecido e poderia dispensar elaborações mais aprofundadas, não fosse pelo componente de violação das garantias jurídicas existentes no Brasil neste momento. Esse elemento pode ser claramente identificado, na atual conjuntura, com a importação de institutos legais como a delação premiada, que, vale a pena apontar, foi completamente distorcida no caso brasileiro.[4] No caso dos Estados Unidos, o sistema do júri, garantido pela Constituição em todos os casos de ofensas criminais, cumpre diversos papéis importantes ausentes em muitos países da América Latina, em especial no Brasil. O primeiro desses papéis é democratizar o processo de quem julga pessoas envolvidas em delitos, elemento fundamental especialmente em relação às sociedades europeias, em que o sistema de justiça tinha uma forte marca classista. A presença do homem comum no sistema do júri oferece a garantia da não condenação por motivos técnicos ou por abuso do poder pelos membros da instituição judiciária, uma das sombras que pairam sobre a

---

4 A delação premiada nos Estados Unidos é parte de uma tradição que podemos chamar de direito contratual. *Plea bargain* é um instituto do direito penal norte-americano que permite uma negociação entre o réu e o procurador, mas que tem, como pano de fundo, o risco de cada um deles enfrentar o júri. No caso do réu, o risco é evidentemente ser condenado, mas o procurador corre o risco de não conseguir a condenação. A delação premiada no Brasil envolve uma associação entre o procurador e o juiz, que anula o risco da não aceitação da delação pelo tribunal e transfere todos os riscos para o réu, já que o juiz é parte do processo investigativo, uma prática portuguesa do século XIX. Ver Scott e Stuntz, 1992.

democracia brasileira neste momento. No caso do Brasil, o sistema judicial é completamente independente de vontade ou participação popular e se alinha com as necessidades ou crenças das elites desde o Império. Esse aspecto é o que mais claramente sobressai nos momentos pendulares antidemocráticos, expressando-se nas intervenções no sistema político.

Por fim, temos a questão das elites, do autoritarismo e das escolhas de *policy* (políticas públicas). Este é um problema que assombra a teoria democrática desde a sua origem e está na raiz da relação entre elites e massas no Brasil. O problema pode ser posto, nos termos mais simples possíveis, na forma de uma pergunta: a extensão do voto às classes populares nos países democráticos implicou uma captura do governo democrático pelas classes mais pobres? No caso da Europa e dos Estados Unidos, essa foi uma discussão importante na segunda metade do século XIX, período que coincidiu com a publicação das obras mais importantes de Karl Marx. Apesar de Marx ter afirmado peremptoriamente a relação entre classe e voto, a questão recebeu, do ponto de vista do comportamento prático da classe trabalhadora, um rotundo não. Ainda assim, temos um problema derivado do primeiro e para o qual teríamos de dar uma resposta mais condicional no caso do Brasil. As democracias mais avançadas, ou mais antigas do hemisfério Norte, forneceram para as suas populações uma solução distributiva de acesso à renda, aos bens e aos serviços públicos desde o pós-guerra que não ocorreu na América Latina até muito recentemente. Essa política distributiva esteve ligada a muitos fatores, entre eles um claro componente eleitoral. No caso do Brasil, ao contrário, notamos uma forte oposição a essa formulação das políticas públicas exatamente no momento em que começávamos mais um ciclo de democracia ou de uma aproximação definitiva com os países democráticos no quesito produção da igualdade social por meio de políticas compensatórias. Mudanças de longo prazo nessas políticas, em geral, alteram a relação entre a elite e o sistema político de forma duradoura.

É possível afirmar, baseando-nos em Acemoglu e Robinson, que há um *trade-off* na adoção da democracia no que se refere à sua relação de longo prazo com as políticas públicas e que pode ser enunciado da seguinte forma: a institucionalidade democrática é por natureza durável. A sociedade democrática não é apenas aquela na qual vigora a noção de "uma pessoa, um voto", mas aquela da qual se espera que continue democrática no futuro. "A democracia implica que amanhã haverá um voto para determinar políticas (*policies*) ou para decidir qual partido vai governar e essa decisão será tomada por toda a população" (Acemoglu e Robinson, 2005, p. 24).

Essa é a afirmação mais importante por trás de alguns aspectos da natureza pendular da democracia no Brasil. Nos períodos de 1946 a 1964 e de 1988 a 2010, é possível afirmar que, se houve uma compatibilidade entre democracia e políticas públicas, também houve contestação extrainstitucional acerca do tema. No caso da compatibilidade entre democracia e adoção de políticas públicas distributivas, podemos pensar nos aumentos reais do salário mínimo nos anos 1950 e na reforma agrária no mesmo período. Se pensarmos na conjuntura pós-1988 e, em especial, no governo Fernando Henrique Cardoso, aconteceram mudanças importantes nas políticas públicas que se seguiram à sua vitória eleitoral. A privatização e a estabilização da moeda foram as principais decisões nessa direção. No governo Lula, podemos fazer o mesmo raciocínio. Ele instituiu mudanças importantes nas políticas públicas sancionadas pelo voto. A ampliação das políticas de proteção social, o novo papel da educação superior com o Programa de Apoio a Planos de Reestruturação e Expansão das Universidades Federais (Reuni) e as políticas de ação afirmativa apontam nessa direção. Mas sempre esteve presente o espectro da reação das elites às mudanças nessas políticas, como na reação às chamadas reformas de base no início dos anos 1960. Quando analisamos a medida provisória nº 726, de 12 de maio de 2016, notamos a presença do mesmo questionamento por parte das elites às políticas públicas se manifestando, mais uma vez, no período pós-impeachment. A medida provisória extinguiu todas as secretarias e os ministérios ligados à ampliação de direitos ou a políticas distributivas, como o Ministério das Mulheres, da Igualdade Racial, da Juventude e dos Direitos Humanos e o Ministério do Desenvolvimento Agrário. A extinção não obedeceu à lógica eleitoral nem ao menos à lógica do impeachment, mas unicamente às preferências não sancionadas eleitoralmente da elite econômica no país. Com a eleição de Jair Bolsonaro vemos uma consolidação, pela via eleitoral, de um conjunto de políticas estabelecidas pela via não eleitoral.

Portanto, quando pensamos a *longue durée* da relação entre elites e democracia no Brasil, dois elementos sobressaem. Em primeiro lugar, presenciamos uma democratização insuficiente que não atinge todos os poderes; em especial, ela não atinge o Poder Judiciário — podendo inclusive ser revertida por ele, possibilidade em aberto em 2018 — e preserva prerrogativas militares. Assim, o Poder Judiciário se organiza à margem da soberania democrática, o que, diga-se de passagem, também ocorre em outros países, mas de forma diferente devido aos mecanismos de controle em questões ligadas à estrutura de *checks and balances*.[5] Um segundo elemento está

---

5 Tenho em mente a discussão de Bruce Ackerman sobre o papel conservador do Poder Judiciário nas mais significativas transformações da democracia norte-americana: na abolição da escravidão com a promulgação das emendas 13 e 14, no período conhecido como *Reconstruction*, e durante o *New Deal*. O importante desses dois momentos é que eles são fortemente soberanos, em que o Judiciário é colocado à margem da política. Ver Ackerman, 1993.

ligado à mais importante característica do Poder Judiciário brasileiro, que passa pela presença de práticas como a impermeabilidade às formas democráticas de entrada, ou seja, no Brasil, diferentemente dos Estados Unidos, não há nenhuma maneira eleitoral de se tornar juiz, e há a rejeição absoluta ao controle externo pelas outras duas instituições democráticas, a saber, o Poder Executivo e o Poder Legislativo. O poder militar se organiza a partir de prerrogativas semelhantes, neste caso a impermeabilização ocorre pela via dos tribunais militares, que excluem os membros das Forças Armadas de julgamentos pautados no estado de direito. Vale lembrar que o Judiciário e os militares mantiveram suas prerrogativas por meio de um pacto interelites.

Sob essa perspectiva, podemos entender melhor o funcionamento do pêndulo da democracia no país neste último período. O Brasil, depois de uma longa jornada de interrupções democráticas, superou de forma relativamente exitosa a questão do revezamento entre maioria e minoria, governo e oposição, nas eleições de 1994 a 2010. Ao superá-la, ultrapassou também os vetos que existiam a uma determinação da política pública pela maioria da população ou pelo eleitorado. Não temos motivos para supor que ambos os fatos não tenham produzido resultados amplamente positivos. Pelo contrário, índices de apoio à democracia no Brasil subiram ao mesmo tempo que a desigualdade e a pobreza diminuíram significativamente. Não obstante, nesse período de 2014-8 reentrariam em cena dois fantasmas: o da não aceitação dos resultados eleitorais e o da definição não eleitoral da *policy*. Esses fantasmas fazem parte de uma estrutura pendular de democracia no Brasil.

O pêndulo democrático: Do otimismo nos momentos democratizantes às rupturas em momentos regressivos

O que interessa aqui para entender as tendências de longo prazo da organização política brasileira é menos o problema do "golpe" e mais o fato de que o Brasil se situa fortemente, entre 1946 e 1964, naquela tradição que o cientista político norte--americano Schattschneider chamou de "poder semissoberano". Para o autor, a questão em pauta envolve a presença de um conjunto de mecanismos que distanciam a cidadania do poder de decisão política ou que engendram estruturas que tornam a democracia distante até mesmo da ideia de semissoberania (Mair, 2013, p. 2). No caso do Brasil, esses elementos aparecem na conjuntura entre 1946 e 1964 e persistem na atual experiência democrática.

A conjuntura do período 1985-2013 foi muito semelhante à de 1946-64 no que diz respeito ao otimismo com o qual a democracia foi abraçada no momento da sua reinstituição. O contexto foi marcado inicialmente por um amplo otimismo pela volta do poder às mãos dos civis, independentemente do fato de o Brasil, ao lado do Chile, ter tido a transição mais conservadora da América do Sul. Não houve eleições associadas ao ato da redemocratização, uma vez que esse é um dos pontos nevrálgicos das elites do país. Logo, diferentemente de Chile, Argentina e Uruguai, houve uma maior continuidade no Brasil entre autoritarismo e democracia.[6] Também não houve justiça de transição nem expurgos no Poder Judiciário, como ocorreu imediatamente na Argentina e, um tempo depois, no Chile.

---

6 Este argumento pode ser discutido no caso chileno, no qual não houve continuidade eleitoral, mas teve continuidade das regras eleitorais que favoreceram a representação da direita no sistema político. Ver Rahat e Sznajder, 1992.

Pelo contrário, a transição e, logo em seguida, a Constituição de 1988 corroboraram a ampla anistia de 1979.

Ainda assim, a Constituição de 1988 abriu um enorme horizonte de otimismo, que estabeleceria o espaço para uma nova abordagem para a questão social. Ela universalizou o acesso à saúde e criou as condições para o primeiro benefício universal para a população mais pobre, o Benefício de Prestação Continuada (BPC), que viria com a Lei Orgânica de Assistência Social e abriria caminho para um conjunto de novas políticas sociais e urbanas. Ao mesmo tempo, os diferentes governos, em especial o governo Lula, ampliaram fortemente o acesso da população de baixa renda ao ensino superior, além de terem aumentado sistematicamente o salário mínimo. Deste modo, estabeleceu-se, pelo menos até 2013, uma sensação de forte sucesso da experiência democrática posterior à Constituinte de 1988.

A análise anterior nos permite propor um argumento sobre a *longue durée* dos períodos de expansão democrática no Brasil. Eles iniciam com um forte otimismo em relação à vocação democrática do país, ainda que saibamos que essa vocação é frágil. Durante os momentos otimistas de expansão da democracia aparecem, no interior das estruturas democráticas, elementos da contrademocracia, que não são utilizados imediatamente. Assim, a Lei do Impeachment, o modelo paternalista de Justiça Eleitoral e até mesmo a prerrogativa dos militares de intervir em questões internas se expressaram no início da conjuntura 1946-64 e voltaram à carga durante a elaboração da Constituição de 1988. No entanto, a característica importante da organização pendular é que essas estruturas não são utilizadas tão logo são criadas, elas apenas são inseridas na institucionalidade legal para serem usadas posteriormente, como mostraremos.

A instauração da Nova República, com a retirada dos militares do exercício do poder político e do poder de veto sobre resultados eleitorais, inaugurou uma mudança de perspectiva em relação ao processo sucessório e à democracia no Brasil. As primeiras eleições do período da Nova República foram marcadas por uma mudança de comportamento no que tange ao reconhecimento de resultados eleitorais. Apesar da demora no processo de apuração eleitoral em 1989, todos os atores envolvidos nele esperaram o resultado antes de se posicionar em relação ao segundo turno. O mesmo aconteceu nas eleições de 1994, 1998, 2002, 2006 e 2010. Assim, de alguma maneira, seria possível argumentar uma mudança no comportamento das elites políticas que sugeria uma transformação das eleições democráticas como o único jogo na cidade. No entanto, desde o início da nova experiência democrática, três elementos contrademocráticos estavam presentes, ainda que atuassem de modo bastante discreto: o impeachment, a Justiça Eleitoral e a possibilidade de intervenção dos militares nas questões de ordem interna.

O impeachment no Brasil não segue o padrão internacional do presidencialismo, de acordo com o qual deve ser um evento muito raro e, para tal, não deve envolver questões administrativas (*maladministration*) ou de oposição política. Ainda assim, entre os casos de impeachment, o do ex-presidente Collor teve fortes elementos consensuais, envolveu a ideia da remoção de um presidente mal avaliado, mas também incorporou um forte consenso entre as instituições políticas, a ponto de, na votação sobre o seu afastamento na comissão especial da Câmara dos Deputados, o presidente ter tido apenas um voto, o do líder do governo. Portanto, o impeachment continuou incorporando um elemento fortemente político na tradição da Nova República.

No caso da Justiça Eleitoral, temos um elemento mais complexo no Brasil. A Justiça Eleitoral brasileira tem a sua origem nos anos 1930, a partir da preocupação de pôr fim ao controle exercido por políticos locais sobre o processo de votação.

A civilização da votação com a desvinculação entre organização eleitoral e sistema político permitiu processos eleitorais com baixos níveis de fraude já no pós-guerra, que possibilitaram a implantação do assim chamado modelo independente de tribunais eleitorais (Marchetti, 2008). A Justiça Eleitoral no Brasil é uma instituição com traços fortemente locais e diversos aspectos positivos, entre os quais cabe destacar o trabalho não político e civil dos voluntários nas eleições e até mesmo certa padronização de processos, como a produção de uma cédula única que se mostrou superior à maneira como as eleições são organizadas localmente em outros países, em particular nos Estados Unidos. No entanto, a partir de 1988, vem ocorrendo paulatinamente uma mudança no modelo brasileiro que passa de um sistema de regulação legal das eleições para um sistema de julgamento político baseado na noção da hipossuficiência, isto é, de que o eleitor não tem a mesma percepção ou a capacidade de julgar das diversas instituições do sistema de Justiça. Assim, a Justiça Eleitoral passa a atuar na chave culpado/inocente que estrutura o direito penal e assume a capacidade de remover políticos eleitos com base em princípios altamente antissoberanos, já que ela se propõe a mudar resultados eleitorais a partir de princípios judiciais. Portanto, conceitualmente a Justiça Eleitoral padece de um erro na arquitetura da divisão de poderes que é transferir fortes elementos soberanos do sistema eleitoral para o sistema de Justiça a partir de uma noção de paternalismo legal. Neste caso, adotamos a análise de Feinberg, segundo a qual existem um liberalismo democrático e um liberalismo paternalista. A Justiça Eleitoral no Brasil constitui a expressão do liberalismo paternalista.

Esse erro, que poderia ser menor, como no período do pós--guerra, foi se tornando mais grave à medida que as prerrogativas do sistema judicial foram aumentando e todos os setores do Judiciário foram se fortalecendo. No caso da Justiça

Eleitoral, processos visando à anulação de resultados eleitorais começaram a abundar na corte ainda nos anos 1990. Nesse período, abriram-se diferentes vias não eleitorais de suspensão do mandato de prefeitos e, na década seguinte, o processo se estendeu aos governadores. Tão grave quanto o fato de mandatos serem suspensos judicialmente é o nível de intervenção no resultado eleitoral que os Tribunais Regionais Eleitorais e o Tribunal Superior Eleitoral se permitem realizar. O caso mais paradigmático foi o da cassação do governador do Maranhão, Jackson Lago, em 2009, no qual o TSE determinou a posse do candidato que ficou em segundo lugar nas eleições, apesar de existirem fortes evidências do uso das mesmas práticas que foram consideradas suficientes para suspender o mandato do governador eleito (Haidar, 2009). Com essa decisão, a Justiça Eleitoral deu um passo decisivo na direção da deslegitimação do processo eleitoral[7] e na legitimação judicial de mandatos executivos, reforçando claramente seus elementos antieleitorais e antissoberanos. Mais recentemente, no dia 21 de junho de 2018, o ministro presidente do Tribunal Superior Eleitoral afirmou que poderia anular o resultado das eleições em determinadas situações, como a prevalência de *fake news* (Ramalho, 2018). Com isso, ele reforçou a mudança de concepção que aponta na direção da superioridade da Justiça em relação à soberania popular vigente no país.

Por fim, há a questão militar. Os militares no Brasil têm um papel bastante sui generis na organização política nacional por causa de uma relação estável com os vizinhos, lograda por meio das ações do Barão do Rio Branco. Assim, da mesma maneira que o país não se envolve em conflitos militares com

---

7 Vale a pena notar que as evidências de compra de votos naquela eleição encampavam ambos os lados e que a prova decisiva utilizada pelo Tribunal foi a compra de um voto.

os vizinhos, ele tem um Exército estacionado nas principais cidades do país e com fortes privilégios corporativistas semelhantes àqueles gozados pelo Poder Judiciário. Mesmo tendo a experiência no poder entre 1964 e 1985 avaliada como negativa, os militares mantiveram fortes prerrogativas durante a elaboração da Constituição de 1988. A principal delas está inscrita no artigo 142 da Constituição: "as Forças Armadas [...] são instituições nacionais permanentes e regulares [...], e destinam-se à defesa da Pátria, à garantia dos poderes constitucionais e, por iniciativa de qualquer destes, da lei e da ordem". Mais uma vez, vale a pena chamar a atenção para aquilo que foi mencionado anteriormente, ou seja, o Brasil não apenas foge das tradições mais democráticas no que se refere à vigência dos direitos, mas também expressa um *detour* no que diz respeito às formas de controle dos militares. É o caso de ressaltar que, desde a sua fundação, os Estados Unidos estabeleceram como marco zero o controle civil dos militares por meio do Congresso. No caso brasileiro, a atribuição, seja do controle dos poderes ou da lei e da ordem, é um *detour* que se manteve na Constituição e passou a ser utilizado a partir de 2010.

Cabe lembrar que a estabilização de um poder civil sem interferência militar ocorreu ainda no início da Nova República, depois da desastrada incursão do Exército para tentar controlar uma greve na Companhia Siderúrgica Nacional (CSN), poucos dias depois da promulgação da Constituição, e que levou à morte de três trabalhadores da então empresa estatal. Isso gerou um sentimento generalizado de desaprovação desse tipo de intervenção, que não ocorreria novamente ao longo dos trinta anos seguintes. Pouco depois, Fernando Henrique Cardoso se converteria no primeiro presidente a instituir a tradição de nomeação de ministros da defesa civis, ainda que seja possível afirmar que os ministros da defesa tiveram pouca influência na determinação das prioridades das Forças Armadas, as quais conservariam diversas prerrogativas e privilégios ao longo da Nova República, como a manutenção dos tribunais militares para o julgamento de delitos cometidos por seus membros. A partir de 2010 começamos a observar uma mudança na frágil correlação de forças estabelecida em relação à política de segurança no país. Essa mudança se expressa com o envolvimento das Forças Armadas no combate ao crime no Rio de Janeiro, passa pela extensão das prerrogativas dos tribunais militares em relação a crimes cometidos contra civis e alcança o seu clímax com a campanha de 2018, na qual voltamos a assistir a declarações políticas e ameaças de militares ao sistema político.

A questão central que a presença de militares na área de segurança no país coloca é a do combate ao crime a partir do princípio do exercício sem limites da força e da capacidade de coerção, que é uma concepção militar da segurança. Ela questiona intrinsecamente o princípio da segurança realizada a partir dos princípios e formas de responsabilização próprios ao estado de direito.

Portanto, o primeiro momento do pêndulo democrático entre 1988 e 2010 expressou um forte otimismo em relação às instituições da democracia. No entanto, podemos apontar para uma continuidade relativa entre os períodos 1946-64 e 1988-2014. Se é verdade que os resultados eleitorais foram entendidos de forma muito mais precária entre 1946 e 1964, também é verdade que a estabilidade do atual período se transformou rapidamente no seu contrário e está fortemente sob ataque das assim chamadas "instituições de controle". A eleição de Jair Bolsonaro para a presidência promete elevar a um novo patamar a questão do conflito entre Executivo, Judiciário e instituições de controle. Esse conflito poderá eventualmente contar com a ameaça de utilização de formas de coerção não previstas no ordenamento democrático.

Chegamos a uma consolidação da disjunção entre democracia, eleições e políticas públicas no Brasil. A Constituição de 1988 e os governos que se sucederam a partir de 1994, todos gozaram de uma autonomia bastante ampla em relação ao mercado. Foi essa autonomia que gerou, em primeiro lugar, uma ampla agenda de direitos sociais que foi sendo implementada ao longo dos últimos trinta anos e que trouxe resultados positivos, como a forte redução da desigualdade. Em segundo lugar, os governos entre 1994 e 2014 estabeleceram agendas diferenciadas em relação à economia, nenhuma delas completamente de acordo com aquilo que o mercado almejava, mesmo no caso do governo Fernando Henrique Cardoso. O governo Lula foi um momento de fortalecimento dessa agenda, que foi expandida em duas direções principais: em primeiro lugar, em relação às políticas de redução da pobreza e da desigualdade implantadas a partir de 2003, como foi o caso do Bolsa Família e dos aumentos reais do salário mínimo que se iniciaram ainda no governo Fernando Henrique Cardoso.[8]

No entanto, foi justamente em relação à política econômica que ocorreram os maiores conflitos entre mercado e Estado, que acabaram por reverter a direção do pêndulo democrático. Esses conflitos envolveram a carga tributária, a taxa de juros, a exploração das reservas de petróleo do pré-sal e o perfil da Previdência Social. É possível afirmar que, independentemente do resultado eleitoral de 2014, o mercado já havia conseguido pressionar o governo Dilma Rousseff na direção de isenções fiscais que, diga-se de passagem, tiveram efeito nulo no estímulo da economia assim como na taxa de juros. Ambas, uma taxa de juros mais elevada e as isenções fiscais, foram reestabelecidas ainda antes da eleição, mas na mesma medida em

---

8 Os aumentos do salário mínimo foram constantes entre 1994 e 2014, variando apenas na intensidade, maior a partir de 2003. Ver Dieese, 2017.

que a crise econômica foi se instalando — a qual, pelo menos na interpretação dos economistas liberais, nada teve a ver com a dinâmica dos ajustes —, também foram se potencializando os elementos antidemocráticos e antieleitorais das forças de mercado. Assim, tanto a Emenda Constitucional nº 95, que estabeleceu um teto de gastos públicos, quanto a reforma da Previdência são propostas com o objetivo fundamental que moveu o mercado desde 1988 até hoje ou, pelo menos, de 2012 até hoje — a desvinculação completa entre eleições e políticas públicas. Essa desvinculação se expressa pelo questionamento do papel das eleições por agentes do mercado ou por meio de um apoio decisivo a um candidato que, no limite, se coloca fora do campo democrático.

Temos, portanto, diversas vias antissoberanas abertas no Brasil que expressam elementos estruturais e problemáticos para a plena vigência da democracia. Do lado institucional, há a Lei do Impeachment, que cria um amplo arcabouço institucional antissoberano de remoção de mandatos; do lado do Poder Judiciário, temos a ampliação dos casos de suspensão de mandatos, que também enfraquece as dimensões eleitorais da democracia brasileira; do lado da estrutura política e de segurança, há o problema da não limitação das formas de interferência das Forças Armadas na política de segurança e o espectro de sua entrada na política. Por fim, do lado do mercado há o aprofundamento da disjunção entre democracia e políticas públicas. Em conjunto, esses elementos têm sido capazes de fazer o pêndulo democrático se mover.

Assim, a ideia de um tangenciamento da democracia por uma construção não liberal, sugerida por Sérgio Buarque de Holanda, não permite a constituição de uma via democrática estável setenta anos depois de sua formulação. O motivo reside na ausência de instituições que estabilizem a democracia a longo prazo. A presença de elites não liberais e não democráticas no caso brasileiro envolve uma via de institucionalização da contrademocracia que retorna periodicamente e compromete as próprias instituições democráticas. Esse é o elemento que reside no cerne do argumento do pêndulo democrático.

2.
As instituições do pêndulo democrático: 1946-2018

Uma das questões teóricas que a ideia de pêndulo democrático suscita está ligada à diferenciação entre o movimento pendular e a ruptura democrática. O conceito de pêndulo, como está sendo tratado aqui, implica que é possível ter fortes elementos antieleitorais e antidireitos em funcionamento no interior de uma estrutura democrática. No capítulo anterior, tentei mostrar o funcionamento seletivo dessas estruturas, argumentando que a ausência de uma estrutura de direitos civis constitui o principal déficit do processo de construção democrática no país. Mostrei também que a instituição do impeachment, a Justiça Eleitoral e as formas de intervenção militar na política operam ciclicamente em relação à legitimidade dos resultados eleitorais e dos mandatos.

A questão que será abordada neste capítulo é a maneira como determinadas instituições operam fora do contexto do estado de direito e da legitimidade democrática no Brasil. Em 2016, o impeachment da ex-presidente Dilma Rousseff foi baseado em alegações extremamente frágeis porque a ideia de pedalada fiscal não constituía um diferencial de comportamento em relação a outros presidentes ou governadores.[1] Além

---

1 As chamadas "pedaladas fiscais" fazem parte da Lei de Responsabilidade Fiscal que emendou alguns artigos da Lei nº 1079/1950 sobre o impeachment. Existem dois problemas com essa via de remoção da presidente. O primeiro é a generalidade do uso da suplementação orçamentária sem autorização pelo Executivo no Brasil. Todos os presidentes desde 1994 utilizaram esse

disso, temos várias evidências posteriores ao impeachment de acordos políticos com o intuito de afastar Dilma Rousseff da presidência. No mesmo ano, também foi afastado o presidente da Câmara dos Deputados, Eduardo Cunha, houve sua prisão e a tentativa de afastamento do presidente do Senado, Renan Calheiros. Por fim, a população brasileira tem assistido a confrontos importantes entre o Judiciário e o Congresso Nacional. Esses conflitos se expressaram em 2016 na tentativa de reversão de lei aprovada na Câmara dos Deputados contra abusos de autoridade e em embates entre o Supremo Tribunal Federal (STF) e o então presidente do Senado, Renan Calheiros. No ano seguinte foi acrescentado a esse cenário um conflito *interna corporis* no Poder Judiciário acerca da corrupção, que terminaria com a proibição da assim chamada "condução coercitiva", um dos instrumentos jurídicos amplamente utilizados pela Operação Lava Jato — a decisão de Gilmar Mendes seria confirmada pela maioria do STF em junho de 2018. Por fim, a questão do papel dos militares na política retorna à agenda por diversos meios: pela intervenção na segurança pública do Rio de Janeiro; pela expressão de opinião do chefe do Estado-Maior do Exército durante o julgamento do HC do ex-presidente Lula; e pelo apoio dos generais ao presidente eleito Jair Bolsonaro.

Neste capítulo, abordarei o funcionamento institucional do pêndulo democrático nos momentos regressivos no tocante à democracia. Em geral, esses momentos envolvem fortes divisões políticas, crise econômica e profundo desacordo em relação ao projeto de nação. Foi assim que as crises de 1954 e 1964

---

instrumento e o próprio vice-presidente, Michel Temer, recorreu a ele no exercício da prerrogativa de presidente. Assim, houve a aplicação de um dispositivo menor da Lei do Impeachment com a quebra do princípio da igualdade perante a lei. Sobre o problema da generalidade no estado democrático de direito, ver Neumann, 1967.

se desenrolaram. Nos dois casos, havia um conflito político de dimensões monumentais em torno dos governantes e seus projetos políticos. Essas divisões acentuavam a controvérsia no que dizia respeito a projetos econômicos, em especial entre um projeto mais estatizante ou desenvolvimentista e outro um pouco mais liberal. Em ambos os casos, houve uma regressão democrática expressa na tentativa de afastamento do ex--presidente Vargas e no golpe de 1964. A dinâmica democrática pós-1988 parecia indicar uma mudança. Assim, tivemos eleições sem sobressaltos em 1989, 1994, 1998, 2002, 2006 e 2010, perfazendo o ciclo mais longo da história do Brasil sem contestação de resultados eleitorais. No entanto, ao final da eleição de 2014, essa tradição se mostrou menos estável do que se supunha. Ao final de uma campanha desastrosa, a oposição, na pessoa do senador Aécio Neves, não reconheceu[2] a derrota e questionou o resultado no Tribunal Superior Eleitoral (TSE).

A partir desse momento, tivemos todos os episódios possíveis de questionamento da soberania do eleitor e do processo eleitoral. Inicialmente, ainda em 2014, a contestação das eleições no TSE desenterrou questionamentos comuns na década de 1950 sobre resultados eleitorais com pequenas diferenças a separar o vencedor do derrotado. No seu recurso em relação ao resultado, o PSDB afirmaria: "cabe assinalar, contudo, que a despeito de tudo, os requeridos [Dilma Rousseff e Michel Temer] obtiveram pífia vitória nas urnas. A diferença entre as duas chapas em disputa no segundo turno foi de apenas 2,28%, num universo de 105 542 273 votos válidos. Ora, somados os votos em branco e nulos (1,71% e 4,63% do total de 112 683 273 de votos apurados, respectivamente), tem-se que a legitimidade

---

2 Existem muitas evidências do não reconhecimento do resultado eleitoral por Aécio Neves. A mais contundente entre elas é a entrevista concedida ao jornal *O Globo* no dia 30 de novembro de 2014, na qual ele afirma ter sido derrotado por uma organização criminosa.

dos reeleitos é extremamente tênue..." (PSDB, 2014). O recurso protocolado pelo PSDB foi rejeitado em um primeiro momento pelo TSE, que, depois, decidiu pela abertura de um inquérito que se estendeu por alguns anos e afinal entendeu não ter havido abuso de poder político ou econômico na campanha eleitoral.

Em segundo lugar, a abertura de processo de impeachment da ex-presidente Dilma Rousseff após uma chantagem pública por parte do então presidente da Câmara, Eduardo Cunha, expressa uma nova via de questionamento do resultado eleitoral e da soberania política decorrente dele. Além disso, tivemos o afastamento do próprio Cunha da presidência da Câmara e a tentativa de afastamento de diversos senadores, alguns por decisão liminar de um juiz do STF. A tese que defendo é a de que a democracia brasileira admitiu, até este momento, a continuidade de amplas vias de questionamento da soberania política e de resultados eleitorais, as quais parecem estar à disposição daqueles que queiram utilizá-las e, de tempos em tempos, esses atores surgem na conjuntura política. Vale a pena lembrar que já existe um passivo legal em relação ao presidente eleito Jair Bolsonaro relativo à compra por empresários de disparos coletivos de mensagens no aplicativo WhatsApp, em contradição com a legislação eleitoral vigente. Esse passivo assumirá nos próximos anos a forma que as instituições judiciais julgarem ser a mais adequada.

Neste capítulo, analisarei de forma institucional a organização das estruturas antidemocráticas no Brasil. O meu argumento é que a institucionalidade brasileira possui amplas vias não eleitorais ou contraeleitorais que são utilizadas de tempos em tempos. Para entender a democracia brasileira é necessário entender esse movimento pendular.

Elites, eleições e crise política

O Brasil tem um forte traço não eleitoral na sua constituição política. O Império e a República Velha podem ser considerados momentos em que o arranjo político não contava com praticamente nenhum componente eleitoral, como apontou recentemente José Murilo de Carvalho, um dos principais historiadores do período. No caso do Império, não havia eleições para o dirigente máximo, e, no caso da República Velha, existia um arranjo oligárquico com quase nenhum elemento eleitoral. O sufrágio era extremamente baixo, atingindo uma proporção inferior a 5% da população. Assim, de fato, começamos a falar em eleições como definidoras do governo e das políticas no Brasil a partir de 1930. Nos primeiros anos da década, com a chegada de Vargas ao poder, ocorreu um duplo movimento para o estabelecimento de eleições diretas para presidente — um tema contencioso em 1945-6, 1983-4 e agora no período 2014-8. Vargas prometeu eleições e criou a Justiça Eleitoral em 1932, um grande avanço naquela época, que tinha como objetivo conferir legitimidade jurídica na proclamação e na contestação dos resultados. Mesmo assim, durante as primeiras eleições do período, ele sentiu a forte influência das elites oligárquicas e não cumpriu a promessa de convocação do pleito presidencial.[3] Como essas eleições nunca foram convocadas,

---

3 Não considero Getúlio Vargas nem ditador nem democrata, mas um político que oscilou fortemente entre essas duas dimensões, entre 1930 e 1954, assim como aconteceu com os liberais no Brasil. De um lado, Vargas nunca foi um liberal e seus discursos dos anos 1930 e 1950 mostram isso de modo bastante claro, especialmente no campo da intervenção estatal na economia. De outro lado, ele tinha preocupação com o social e mostrou isso ao longo de toda a sua trajetória, principalmente na volta ao poder pela via eleitoral em 1950. Ver Neto, 2013.

podemos afirmar que a questão de uma determinação eleitoral da soberania política somente apareceria no Brasil em 1945.

A primeira experiência democrática brasileira, entre 1945 e 1964, foi marcada por forte instabilidade. Três presidentes não completariam os seus mandatos: Getúlio Vargas, Jânio Quadros e João Goulart. Eurico Gaspar Dutra e Juscelino Kubitschek completariam, mas ambos tiveram o mandato ameaçado desde o dia em que foram eleitos. No caso de Juscelino, sua posse seria ainda mais difícil porque significava uma retomada da hegemonia política pelo grupo varguista ou pessedista. Portanto, nos dois casos de mandatos cumpridos, percebemos as marcas da instabilidade em uma relação que voltaria a ser questionada na conjuntura 2013-8, a saber, a relação entre a eleição e a soberania política.

A transição brasileira para a democracia teve importantes elementos não eleitorais, lembrando algumas das características do Brasil pré-1930. O Brasil teve a transição com o maior grau de continuidade entre todos os países da América do Sul. Stricto sensu, a transição brasileira começou com o famoso discurso de Geisel em 1974, no qual ele falou de descompressão, e passou pela restauração de princípios como o habeas corpus ainda durante seu governo. A partir de 1979 foi liberada a formação de partidos e, em seguida, em 1982, a restauração das eleições para governadores, terminando com a eleição indireta de Tancredo Neves pelo Colégio Eleitoral em janeiro de 1985. Assim, a continuidade política no Brasil ocorreu com partidos forjados ainda pelas elites autoritárias, caso do PMDB, e sem o restabelecimento imediato do princípio da eleição direta.

Quando analisamos as mudanças trazidas pela Constituição de 1988 a essa frágil relação entre eleições e soberania política, percebemos que a Carta reforçou e enfraqueceu, ao mesmo tempo, essa relação, mantendo a possibilidade de uma reversão do movimento pendular democratizante. Do lado do fortalecimento do princípio soberano, temos na Constituição de 1988, entre outros elementos, a realização ampla de eleições gerais para todos os cargos executivos (prefeitos, governadores e presidente) e a ampliação e abrangência do sufrágio, com redução da idade mínima para dezesseis anos. Ao mesmo tempo, a Constituição foi bastante incisiva em propor a vigência de elementos não soberanos na organização da ordem política, entre os quais cabe destacar três: o impeachment, a Justiça Eleitoral e a intervenção militar em questões relacionadas à ordem interna.

O impeachment, que constitui parte da tradição de alguns países,[4] tem no Brasil uma configuração ampla que não segue o padrão internacional do presidencialismo, em particular o anglo-saxão, de acordo com o qual o afastamento deve ser um evento muito raro. Para isso, o episódio não pode envolver oposição política ou questões administrativas (*maladministration*).[5] No caso do Brasil, a Constituição de 1988 não reviu a Lei nº 1079, não por acaso elaborada alguns meses antes da eleição de Vargas em 1950, que abre um enorme elenco de possibilidades para a retirada de políticos eleitos de seus cargos. Assim, o impeachment continuou sendo um elemento fortemente político na tradição da Nova República, e todos os presidentes do período, com exceção de Itamar Franco e Lula, sofreram processos de impeachment.

---

4 O impeachment varia nas diversas tradições presidencialistas. Nos Estados Unidos, está inscrito na Constituição, mas só pode acontecer por crimes graves, muito excepcionalmente. O país que não tinha tradição de impeachment era a França até 2014, onde continua sendo quase impossível remover o presidente, uma vez que ele tem imunidade legal sobre os atos cometidos nessa condição. Ver Sunstein, 2001. **5** O termo *maladministration* apareceu nos debates constitucionais da Filadélfia entre 1787 e 1788, nos quais se discutiram os elementos que o impeachment deveria envolver e como distinguir o presidencialismo da monarquia. Apesar da ideia de *maladministration* ter surgido na ocasião, James Madison advogou sua retirada e a remoção do presidente somente em caso de crimes graves. Ver Sunstein, 2001.

Em segundo lugar, a Justiça Eleitoral, originalmente concebida para civilizar o processo de legitimação de eleições, passou a ser controlada por um corpo jurídico que julga estar acima dos elementos soberanos da ordem política. Deste modo, assistimos ao longo da Nova República a um fortalecimento paulatino da Justiça Eleitoral, que inicia o período como uma instituição reguladora das eleições para coibir fraudes e por fim se torna um órgão que se coloca acima da soberania do eleitor. Diversas decisões apontam nessa direção, mas nenhuma é mais significativa que a anulação de eleições e a revogação de mandatos respondendo a alegações que não mudariam o resultado eleitoral.

Em terceiro lugar, há o problema militar, que está adquirindo cada vez mais importância na conjuntura dos últimos dois anos. A partir de um tuíte que não podia ser considerado inocente por parte do comandante do Exército Eduardo Villas Bôas no dia anterior ao posicionamento do Supremo em relação à questão da prisão em segunda instância, esta questão foi ganhando relevância ao longo de 2018 e do início do ano seguinte. Ainda em 2018, o novo presidente do STF, Dias Tofolli, nomeou como seu principal assessor um militar indicado pelo próprio general Villas Bôas. As nomeações ministeriais e subministeriais do presidente colocam mais militares em posição de destaque do que no período final do regime militar. Até abril, apenas no Ministério da Educação, nove posições de segundo escalão são ocupadas por militares. Assim, a questão da intervenção dos militares na política retorna à conjuntura a partir de meados de 2018, tanto pela via eleitoral quanto pela via extraeleitoral.

Portanto, temos motivos históricos fortes o suficiente para afirmar que não chegamos completamente ao final do processo de transformar as eleições na única forma de indicação dos presidentes. Esse é um longo processo que se baseia em dois pressupostos ainda não firmemente estabelecidos no Brasil: o de que a eleição constitui o único método de formação de governo e o de que vencer as eleições é a única forma de determinar as políticas públicas. Temos bons argumentos para supor que nenhum dos dois elementos está claramente instituído no Brasil.

A crise de 2014-8 e seus elementos antieleitorais e antissoberanos

A crise desencadeada pelas manifestações de junho de 2013 se ampliou fortemente durante as eleições presidenciais de 2014. Essas eleições foram atípicas por diversos motivos. Em primeiro lugar, porque ocorreram em um ambiente já fortemente polarizado na ótica da tradição amigo versus inimigo, segundo a qual a política não é um campo de conciliação e negociação e, sim, aquele em que o inimigo se manifesta. A presidente Dilma foi hostilizada pela classe média durante os jogos da Copa do Mundo e os debates da campanha foram extremamente agressivos, expressando o que Levitsky e Ziblatt denominam de comportamentos antidemocráticos, como a hostilização aberta de membros dos governos de esquerda e o desrespeito aberto à figura do presidente, insultada abertamente no estádio do Maracanã, episódio inédito na história do país.[6] Houve também a morte, em um acidente aéreo, do candidato Eduardo Campos, que poderia ter constituído uma possível terceira via à polarização, e a forte radicalização do candidato do PSDB, Aécio Neves, durante o segundo turno da eleição.

6 O livro *Como as democracias morrem*, publicado no início de 2018, estabelece uma tipologia de elementos que caracterizam um comportamento antidemocrático. Algumas se aplicam ao Brasil, por exemplo, o fraco comprometimento com resultados eleitorais e a tendência a considerar a oposição desleal ou inimiga. Ver Levitsky e Ziblatt, 2018.

O segundo turno acabou sendo um momento de radicalização das diferentes posições políticas que já se enfrentavam de modo diluído desde o ano anterior. Fortes debates sobre a economia e o ciclo recente de inclusão social dividiram o país a partir do critério de renda e de região. Assim, ao final do processo, o país se encontrava dividido da seguinte maneira: 74% dos eleitores com alta renda preferiam o candidato Aécio Neves para presidente, ao passo que 64% dos eleitores de baixa renda escolhiam a candidata Dilma Rousseff, de acordo com a pesquisa Datafolha, a primeira do segundo turno. Ao término da disputa, que Dilma venceu por uma maioria muito apertada de menos de 3% dos votos, começávamos a perceber discursos opostos àqueles proferidos ao final de todos os pleitos do período democrático.

Duas ações do candidato derrotado Aécio Neves sugerem a não aceitação do resultado eleitoral pela oposição: a primeira delas é uma tentativa de ligar o resultado eleitoral às investigações de corrupção que então engatinhavam em Curitiba com a assim chamada Operação Lava Jato. Em entrevista ao jornal *O Globo* do dia 30 de novembro, o senador derrotado dava o mote para a deslegitimação do resultado eleitoral e sua criminalização judicial. Ao afirmar "eu perdi a eleição para uma organização criminosa", Aécio Neves estabeleceu uma relação falsa entre o resultado eleitoral e as diversas formas ilegais de financiamento de campanha que, como viemos a saber alguns anos depois, ele também utilizava amplamente. Em segundo lugar, ele transformaria o discurso em ação ao entrar com uma representação no Tribunal Superior Eleitoral em que não apenas solicitava o cancelamento da chapa vencedora como também pedia a sua nomeação como presidente, levando o mais longe possível a desvinculação entre mandato e eleições.

Portanto, as eleições de 2014 representaram um profundo retrocesso político que já vinha se anunciando desde 2013, e seu desdobramento abriu espaço para três formas de questionamento do mandato da presidente eleita: o questionamento jurídico feito imediatamente após as eleições pela representação do PSDB no Tribunal Superior Eleitoral; o questionamento político, que se fortaleceu com a eleição de Eduardo Cunha para a presidência da Câmara dos Deputados no dia 1º de fevereiro do ano seguinte; e, por fim, o pedido de impeachment nas ruas que levaria a enormes manifestações públicas a partir de março de 2015, menos de noventa dias após a reeleição. Todos esses atos se coordenam a partir da aceitação do pedido de impeachment por Eduardo Cunha, em 4 de dezembro de 2015.

A eleição de Eduardo Cunha constitui um capítulo à parte nessa crise da democracia e das eleições, iniciada em 2013. O então presidente da Câmara dos Deputados foi um tipo especial de parlamentar e um tipo especial de parlamentar corrupto. Em primeiro lugar, é preciso ressaltar que Cunha não foi um político típico nem um parlamentar do PMDB típico. Ele tem a sua trajetória distribuída entre cargos e mandatos, não tendo sido, nesse sentido, um parlamentar na maior parte de sua carreira política. Em segundo lugar, passou por diferentes partidos e se associou politicamente com diferentes políticos, entre os quais cabe destacar Fernando Collor de Mello e Anthony Garotinho. Em cada uma de suas passagens por cargos administrativos ou por empresas estatais, como a companhia de Telecomunicações do Rio de Janeiro (Telerj), ou a Companhia Estadual de Habitação do Rio de Janeiro (Cehab-RJ), foram abertas investigações em relação a decisões que aparentavam desvio de recursos públicos.[7] Vale a pena anotar que, à medida que Cunha foi se fortalecendo, ele foi criando um bloco de apoio próprio

7 Cunha tinha mais de vinte ações na Justiça no momento em que foi eleito presidente da Câmara dos Deputados, incluindo processos ligados a desvios no Fundo dos Trabalhadores da Telerj e a escândalos fiscais no governo de Anthony Garotinho.

através do financiamento da campanha de parlamentares, algo que Aécio Neves já havia feito anteriormente.[8] Estabelecido no Congresso, realizou diversas ações no sentido de criar um bloco conservador suprapartidário, que estava ancorado em três pilares: uma forte agenda de desvios de recursos e novos privilégios para os membros do Congresso Nacional; uma agenda econômica e moralmente conservadora que agregou grupos que não estavam associados até aquele momento, como parlamentares ligados às denominações neopentecostais e uma agenda econômica conservadora; e, por fim, uma agenda anti-Dilma e anti-PT que se consolidou ao longo do ano de 2013.

A base de sustentação de Eduardo Cunha quando ele venceu as eleições para a presidência da Câmara dos Deputados constituía mais da metade do Congresso Nacional. Imediatamente, Cunha deu um passo "adiante" em dois elementos fundamentais da política no Congresso: politizou o Conselho de Ética, estabelecendo um processo "parajurídico" de avaliar acusações contra parlamentares, e politizou também a discussão sobre o impeachment, atribuindo à Lei nº 1079/1950 o seu pleno significado, isto é, tornando-a uma maneira legal de remover presidentes ou pelo menos a presidente com a qual ele tinha problemas políticos. Entre os muitos problemas da legislação brasileira sobre o impeachment, deve ser ressaltada a personalização do ato de acolhimento da denúncia, que cabe exclusivamente ao presidente da Casa.

Como mencionado antes, a Lei nº 1079 é fortemente problemática na maneira como concebe o impeachment, representando grave distorção em relação à tradição democrática mais bem estabelecida, a anglo-saxã. Ela é uma maneira de

---

8 Durante a campanha que o alçou à presidência do Congresso, em 1998, Aécio Neves teria financiado com recursos ilegais a campanha de dezenas de deputados.

forçar a adaptação dos resultados eleitorais frequentemente não favoráveis às elites com um conjunto de regras políticas, administrativas e financeiras capazes de remover o presidente. Essas regras, não por acaso, foram aprovadas a toque de caixa um pouco antes do segundo governo Vargas e permitem um afastamento relativamente fácil do presidente desde que ele não tenha a maioria no Congresso. As vias para a remoção são amplas e vão desde a política fiscal até detalhes da relação do presidente com o Congresso. Vale a pena notar também que a lei eleitoral, no que concerne à remoção de presidentes, perdeu quase todos os seus elementos soberanos com a aprovação da Lei da Ficha Limpa, de 2010, que trouxe no seu interior um elemento pouco notado quando da sua aplicação. Essa configuração retira o parâmetro da alteração do resultado eleitoral no julgamento de políticos ao postular que, "para a configuração do ato abusivo, não será considerada a potencialidade de o fato alterar o resultado da eleição, mas apenas a gravidade das circunstâncias que o caracterizam" (Lei complementar nº 135/2010). Assim, mesmo um delito que não tenha interferido no resultado das urnas permite que um mandatário eleito seja removido do cargo, o que significa que a Justiça Eleitoral brasileira tem a prerrogativa, talvez única no mundo, de indicar e empossar um candidato que tenha chegado apenas em segundo ou terceiro lugar. Fragilizaram-se, deste modo, os últimos elementos soberanos eleitorais do sistema político brasileiro, agora passíveis de substituição por elementos jurídicos — como aconteceu claramente no caso do impeachment da ex-presidente Dilma Rousseff.

Não podemos encerrar esta seção sem tecer algumas considerações sobre as eleições de 2018. Elas tiveram lugar em um campo institucional completamente degradado. Ainda durante o mês de março, uma pesquisa de opinião conduzida pelo Instituto da Democracia e da Democratização da Comunicação, que faz parte do Programa de Institutos Nacionais de Ciência e Tecnologia (INCT), apontava para a relativização do apoio à democracia pelos brasileiros. Mais da metade dos consultados disse que, diante de questões de segurança pública e corrupção, eles aceitariam a relativização da democracia ou até mesmo a ruptura com ela. Foi nesse campo de degradação do apoio à democracia que a eleição transcorreu, no meio de uma mistura entre intervenção e não intervenção judicial. De um lado, o TSE impugnou a candidatura do ex-presidente Lula. De outro, mostrou-se completamente incapaz de coibir notícias falsas ou de pautar o debate público durante o processo eleitoral. O Judiciário se tornou parceiro de um processo de degradação institucional e eleitoral em que elementos de tutela militar, representados pela nomeação inédita de um general para a assessoria da presidência do STF, não estão ainda completamente esclarecidos. Ao final, o debate eleitoral foi transferido do campo público para a arena privada, onde fatos não foram debatidos e notícias falsas não foram contestadas. Portanto, temos no resultado da eleição de 2018 uma estranha mistura entre soberania e antissoberania, por meio da qual o eleitorado se manifesta em circunstâncias em que as regras públicas do debate eleitoral foram rompidas. Cabe, por fim, registrar que a estrutura de supremacia judicial em relação às decisões eleitorais não foi extinta e que o único papel exercido pelo TSE no que concerne às regras eleitorais foi o de deixar o resultado sub judice da mesma maneira como o fez em relação às eleições de 2014.

Impeachment e crise política

A ruptura política de 2016 tem duas características que lembram as vulnerabilidades da democracia no período anterior a 1964: a primeira delas é o questionamento do resultado eleitoral que gera processos políticos e jurídicos em múltiplas instâncias. A diferença entre o período democrático anterior e o atual é o forte papel do Poder Judiciário nesse processo, uma vez que o Tribunal Superior Eleitoral se recusou a anular a eleição de 1950, como pedia a União Democrática Nacional (UDN). Ao mesmo tempo, o problema da existência ou não de maioria na Câmara dos Deputados torna-se o elemento crucial nesse processo, como podemos constatar ao comparar as acusações feitas à ex-presidente Dilma Rousseff em 2015 e as acusações a Michel Temer em 2017.

No caso de Dilma Rousseff, as acusações vieram por meio de um órgão político judicial, o Tribunal de Contas da União (TCU), que é um órgão auxiliar do Congresso Nacional, mas que se rege, pelo menos em princípio, por critérios técnicos na avaliação de questões fiscais e de prestação de contas. O elemento da Lei nº 1079 usado para a proposição do impeachment de Dilma foi uma emenda a essa norma, adaptando-a à Lei de Responsabilidade Fiscal. Esse artigo, o de número 10, estabeleceu um conjunto adicional de critérios para o impeachment, alguns deles completamente administrativos, rompendo ainda mais fortemente com a tradição anglo-saxã de não incluir *maladministration* nas questões ligadas ao impeachment. Porém, o mais importante em relação ao caso da ex-presidente Dilma Rousseff foi o elemento de politização do TCU. A conexão entre o tribunal e o sistema político constitui o elemento determinante das prestações de contas.[9] Nesse sentido, não há

---

9 O trabalho de Melo e Pereira (2014) contesta essa perspectiva, mas é questionável do ponto de vista metodológico, conforme a literatura na área vem apontando. O problema mais significativo é que nele não se assume que, dado o processo de politização das nomeações para os tribunais de contas da União e dos estados, as práticas vigentes de propinas no sistema político atingissem tais tribunais. As diferentes delações obtidas pela Operação Lava Jato apontam no sentido da forte presença da corrupção neles. Apesar de

dúvidas de que o TCU agiu em relação às suplementações de contas do governo Dilma Rousseff de forma política, e não tecnicamente. A comprovação dessa afirmação é possível tanto em virtude de casos anteriores não punidos quanto de relações pessoais entre membros do TCU e membros da oposição.

Ao mesmo tempo que essas questões administrativas se apresentavam, avançava um processo de suspensão de mandato no TSE baseado em uma ideia de impeachment jurídico. Mais uma vez são inegáveis os elementos políticos e partidários do julgamento das contas de campanha da chapa da ex-presidente Dilma Rousseff. Em primeiro lugar, houve reversão difícil de ser justificada tecnicamente do processo de aprovação das contas da chapa Dilma/Temer pelo TSE. A decisão de reexaminá-las à luz das revelações feitas pela Operação Lava Jato, forçada por um dos ministros, Gilmar Mendes, foi completamente atípica. Em segundo lugar, o exame completo das contas foi feito em julgamento realizado mais de dois anos depois das eleições e já com um novo presidente, Michel Temer. Não por acaso, em um julgamento altamente contencioso, o voto de minerva foi proferido pelo mesmo ministro que queria o indiciamento da ex-presidente e que, nesse caso, proferiu uma sentença política sobre a necessidade de estabilidade do presidencialismo. Portanto, é possível afirmar que, no caso de Dilma, as decisões do TSE e do Congresso Nacional tiveram um componente claramente político que tornaram o impeachment política normal. Dificilmente ele deixará de sê-lo a curto prazo, tal como já estamos observando em relação ao presidente Jair Bolsonaro.

terem dados semelhantes entre o Tribunal de Contas do Estado do Rio de Janeiro — que teve cinco de seus sete membros presos temporariamente — e outros tribunais estaduais, metodologicamente os autores cometem o erro de não considerar como hipótese plausível que a relação entre outros tribunais de contas e sistema político fossem fortes. Ver Melo e Pereira, 2014.

O período posterior ao impeachment é de aprofundamento da crise política. O motivo pelo qual presidentes não devem ser removidos do mandato com facilidade, mesmo quando não têm maioria parlamentar, é que isso faz com a que a "instituição presidência" perca sua legitimidade política. Foi o que ocorreu no Brasil depois de maio de 2016. Temer tentou se apresentar como um presidente legítimo, mas enfrentou resistências seguidas em diversos campos no Brasil e no exterior, o que deu início à discussão sobre o golpe. Essa discussão acabou enfraquecendo a presidência em diversos campos, em especial em relação às suas prerrogativas exclusivas que foram sendo tolhidas pelo STF. Depois da crise de maio de 2017, quando foram reveladas conversas suspeitas entre Temer e Joesley Batista, as prerrogativas da presidência ficaram ainda mais estreitas, especialmente no que dizia respeito às suas imunidades questionadas pela Procuradoria-Geral da República. No entanto, o principal impacto, que será abordado no capítulo conclusivo deste livro, é o enfraquecimento da ideia em si de eleições que assistimos ao longo do ano de 2018, com diversas intervenções do poder judicial e do poder militar no processo eleitoral desde a suspensão da candidatura do primeiro colocado nas pesquisas até a afirmação, por parte do presidente do TSE, Luiz Fux, de que se poderia anular o resultado do pleito, datada de 21 de junho de 2018. O disparo de *fake news* em massa pelo WhatsApp pagos de forma direta por empresas no momento em que existe uma decisão do STF que proíbe contribuições empresarias nas campanhas políticas também coloca o mandato de Jair Bolsonaro dependente de decisões da corte eleitoral. Todos esses movimentos reforçam a ideia de uma oscilação do pêndulo na direção da contrademocracia, em que instituições de controle se colocam acima da soberania popular.

Democracia e liberalismo econômico jabuticaba

Uma das características do pêndulo quando ele oscila na direção da contrademocracia no Brasil é a disjunção entre eleições e políticas públicas, em especial as da área de política econômica e algumas das áreas sociais. No fim dos anos 1940, Eugênio Gudin, provavelmente o pai do liberalismo econômico brasileiro, teceu as primeiras críticas à política desenvolvimentista elaborada por Vargas no período entre 1930 e 1945, iniciando um debate sobre o modelo econômico brasileiro que atravessou o pós-guerra e o período autoritário sem ser resolvido. Esse debate não se resolveu porque, entre os militares, havia também um setor desenvolvimentista que se expressou no II Plano Nacional de Desenvolvimento (PND), com a proposta de aprofundamento da substituição de importações.

Para os objetivos do argumento pendular, a questão fundamental não é a natureza do debate entre desenvolvimentistas e liberais ou a existência de um debate sobre a política econômica que há em todas as partes. O que interessa são os elementos políticos que as forças econômicas ditas liberais utilizam. No período entre 2003 e 2015, e principalmente nos anos entre 2008 e 2015, foram estabelecidos novos arranjos particularistas na política econômica cuja crise levou a uma rearticulação política das forças liberais no Brasil. O sistema financeiro foi privilegiado politicamente em quase todo esse período até que, no início de 2012, o governo de esquerda e os desenvolvimentistas se voltaram contra esse arranjo, fazendo com que o sistema financeiro reagisse, revertendo não apenas a política econômica, como mostrou André Singer, mas também capitaneando a mudança de direção do pêndulo da construção democrática.

O mercado financeiro assume, a partir de 2015, a hegemonia da condução da economia e opta por destruir amplos setores industriais e impor austeridade ao Estado, a qual gera uma crise sem precedentes no setor público e cuja responsabilidade o sistema financeiro não assume. Em associação com um jornalismo econômico politicamente posicionado, tenta-se jogar a conta da crise apenas no desenvolvimentismo ou na assim chamada nova matriz econômica, sem abrir a discussão fundamental sobre a natureza da austeridade econômica e a impossibilidade da recuperação econômica nesses termos. Vale a pena notar que o conceito de austeridade não pertence à tradição liberal, como mostrou recentemente Mark Blyth em seu livro *Austeridade: A história de uma ideia perigosa* — ele pertence à tradição econômica germano-austríaca do pós-Primeira Guerra Mundial. Não por acaso, a recuperação da crise de 2008 nos Estados Unidos e na Inglaterra não passou pela austeridade e, sim, por um processo de forte intervenção na economia centrada nos Bancos Centrais, modelo conhecido por *"quantitative easing"*.

No caso brasileiro, em que liberalismo econômico e conservadorismo sempre estiveram associados, o que ocorreu na inflexão da economia foi um movimento de forte desorganização da economia e do Estado. Neste último prevalece, de forma inédita, uma ruptura completa entre eleições, representação e política pública. A adaptação do Estado a um novo patamar de gastos é possível ao se colocar na agenda, de forma não eleitoral, a redução de gastos fundamentais nas áreas de educação, ciência e tecnologia, saúde e Previdência Social, ao mesmo tempo que são preservados os gastos e salários das corporações judiciais.

No entanto, o problema do corte nas políticas públicas é claro: não parece que o programa de restrições às despesas do Estado tenha apoio público, ainda que a recente eleição de Jair Bolsonaro mostre que ele tem viabilidade eleitoral em uma campanha como a de 2018. Neste caso, impeachment e mudança radical na política econômica e na organização do Estado teriam que se articular mais fortemente com a ruptura da própria soberania popular ou sua forte subordinação a outras agendas. Logo, a questão que se coloca em 2019 consiste em saber até onde irá a reversão pendular da experiência democrática da Nova República e em que medida a população aceitará cortes em áreas como a saúde e a educação. Essa questão se torna ainda mais relevante com o apoio eleitoral capitaneado por Jair Bolsonaro, uma vez que a partir de 1º de janeiro de 2019 temos um presidente eleito pelo voto popular revisando a legislação sobre direitos.

No caso das políticas públicas, a questão é saber qual o limite da reversão de propostas que constituíram o cerne da Nova República, como o direito à saúde consubstanciado no acesso ao Sistema Único de Saúde (SUS). Por fim, no caso da privatização do Estado, a questão é descobrir o limite da ampla utilização privada de instituições estatais como a Petrobras e os bancos públicos. A greve dos caminhoneiros em maio de 2018 ofereceu alguns indícios da contenciosidade da mudança da política pública sem decisão eleitoral — no centro da greve dos caminhoneiros encontrava-se a discussão sobre a política de preços da Petrobras.

É possível afirmar que a Petrobras está no centro das disputas relativas ao pêndulo democrático desde 2013, quando tiveram lugar as primeiras manifestações contra o aumento da tarifa de ônibus nas grandes cidades brasileiras, o qual, por sua vez, foi desencadeado pela elevação do preço do diesel. A Petrobras esteve no centro das políticas do governo Dilma Rousseff de duas maneiras. De um lado, a oposição se opôs fortemente ao assim chamado modelo de partilha no pré-sal, pressionando pela continuidade do modelo de concessão em vigor desde o governo Fernando Henrique.[10] Também vale a

10 A questão central que distingue os dois modelos é o risco da atividade econômica. No modelo de concessão utilizado após 1995 havia um risco relativo à presença ou não do petróleo, que deveria ser assumido pela empresa que adquirisse o bloco no leilão.

pena ressaltar que, na lei que estabeleceu o modelo de partilha, os recursos advindos da extração de pré-sal passariam a ser aplicados na educação pública. De outro lado, a partir das manifestações de junho de 2013, o governo optou por conter o reajuste dos preços do petróleo, o que acabou deixando a Petrobras em situação financeira vulnerável no fim de 2014. Questões administrativas, como nível de endividamento internacional, também afetaram a empresa. Com o impeachment da ex-presidente Dilma Rousseff, essas políticas foram radicalmente alteradas, mas supreendentemente a Petrobras não saiu do centro da conjuntura. Assim que Michel Temer tomou posse, ele alterou a política de partilha e atraiu para o pré-sal empresas internacionais como a Exxon ou grupos de interesse como aqueles ligados aos irmãos Koch, que muito provavelmente estavam entre os apoiadores do impeachment.[11] Com a nova política de preço instaurada pelo governo Michel Temer, a Petrobras passou a reajustá-lo em sintonia com o mercado, inclusive internacionalizando o refino de petróleo para internacionalizar o componente do preço da gasolina e do diesel. Assim, ela continuou no centro da política pendular e de disputa entre grupos políticos, a qual se agravou com a greve dos caminhoneiros que levaria o país ao desabastecimento e reforçaria o movimento de oposição ao presidente Michel Temer.

---

11 É muito difícil saber como foi a organização financeira por trás do impeachment, mas é de conhecimento que algumas organizações internacionais importantes como a Fundação Atlas estiveram por trás do financiamento. Ao analisarmos os principais doadores, essas fundações e "think thanks" envolvidas com elas, encontramos grandes companhias da área de energia, além de proprietários de empresas do setor, como os irmãos Koch. Ver Fang, 2017.

A reversão do pêndulo democrático

O que a nossa análise mostra é que o pêndulo da expansão da democracia foi revertido por meio de um conjunto de ações em três campos já abordados no capítulo anterior: a contestação de resultados eleitorais baseados em elementos extralegais e inconstitucionais; o uso de institutos legais de forma heterodoxa, com objetivos substantivos e não procedimentais; e as formas de intervenção dos militares na política. A defesa de interesses econômicos ou de políticas públicas de forma não eleitoral complementaria esses elementos institucionais ou semi-institucionais. Tentei mostrar neste capítulo que todos os três elementos estão presentes no Brasil desde os anos 1950 com uma diferença: como se dá a presença das Forças Armadas na política. Nos anos 1950, ela ocorria de forma extrainstitucional a partir da noção, já trabalhada na introdução deste livro, de golpe. A influência militar mudou a sua forma de exercício, mas continua presente de duas formas não detectáveis, ao menos nas outras democracias latino-americanas: a possibilidade de intervenção dos militares na política a chamado de qualquer um dos poderes. Evidentemente, a eleição de Jair Bolsonaro acentua os elementos de pretorianismo militar sobre a política, uma vez que ela coloca na presidência alguém que dificilmente resistiria ao canto da sereia de convidar a intervenção militar, que, de uma certa forma, já ocorre com as mais de cem nomeações de militares para o primeiro e o segundo escalão do governo do capitão reformado. A segunda forma de intervenção ocorre nas políticas de segurança pública por meio da qual não apenas os militares são incorporados nas políticas de segurança como também a concepção militar de coerção passa a ser incluída na política de segurança, que perde o seu aspecto de regulação normativa dos comportamentos da cidadania.

Por fim, tentei mostrar que o pêndulo é acionado em momentos de forte divergência em relação a projetos políticos ou propostas de políticas públicas (Dagnino, Olvera e Panfichi, 2006). Mais uma vez, essas divergências assumiram centralidade nas disputas políticas nos anos 1950. No caso do período 2014-6, existem duas divergências principais, a primeira em relação à política petrolífera e a segunda em relação ao tamanho do Estado. A divergência referente à política petrolífera acabou sendo um dos centros da conjuntura, ao passo que a divergência quanto ao tamanho do Estado só assumiria centralidade depois do impeachment de Dilma, gerando a Emenda Constitucional nº 95, de 2016.

Portanto, é possível afirmar que há uma concatenação de elementos não liberais e não democráticos latentes no processo de formação política do país que se expressam de forma pendular em determinadas conjunturas. Os dois principais elementos de expressão das ambiguidades do país em relação à democracia são a relativização do papel das eleições e a violação aberta de direitos civis. A expressão dessas formas semidemocráticas ou antidemocráticas se torna possível porque há uma institucionalidade a conectar elites contra a democracia. Entre os comportamentos não democráticos das elites, dois se destacam: a desvinculação entre eleições e a determinação da política pública, uma dimensão clássica da ação das elites no país, mas o acentuamento das formas de coerção sobre a população pobre parece constituir um complemento da primeira dimensão. Na medida em que a elite se volta contra a democracia, adquirem preponderância na conjuntura as formas não soberanas de decisão política tão bem expressas no governo Temer e que, ao que parece, continuarão a se manifestar no próximo governo.

3.
A crise da solução dos dois Estados

Desde o início da crise de 2013-8, é comum ouvirmos o diagnóstico acerca de uma crise do Estado no Brasil. Alguns afirmam que o problema é o tamanho adquirido pelo Estado brasileiro, realmente maior do que a média dos países em desenvolvimento. O tamanho do Estado nos países em desenvolvimento é menor do que seu tamanho nos países desenvolvidos, e o do Estado brasileiro tem oscilado entre 32% e 35% do Produto Interno Bruto (PIB) dependendo do ano e do método de cálculo (nos Estados Unidos, por exemplo, o Estado tem uma representação no PIB mais alta do que nos países em desenvolvimento. As despesas do governo americano se situaram no patamar de 33% do PIB em 2018). A partir das desonerações realizadas pelo governo Dilma Rousseff, o tamanho do Estado ficou próximo a 32% do PIB. Com a queda do PIB e a manutenção das despesas obrigatórias da União, houve alteração do tamanho do Estado, elevando novamente as despesas para a faixa de 34% a 35% do PIB. Atores e grupos políticos distintos identificam diferentes fontes como a origem do problema. Para alguns, trata-se do gasto público fora de controle e, principalmente, do Sistema de Previdência, que se tornou o centro dos debates desde a fracassada tentativa de reforma do governo Temer em 2017. Para outros, o problema é a absurda taxa de juros sobre a dívida pública, o que torna o Brasil um dos principais pagadores de juros internacionais, apesar de ter uma dívida menor do que a dos Estados Unidos, Japão,

Alemanha e França. Neste capítulo, defendo a ideia de que essa crise tem origem no modelo nacional que enseja dois Estados — isto é, um pacto político e constitucional que optou por manter estruturas de um Estado patrimonial e, ao mesmo tempo, construir um Estado social.

Até a nossa democratização, em 1985, tínhamos no Brasil um Estado patrimonialista e desenvolvimentista. O Estado patrimonialista, segundo definido por Raymundo Faoro no seu livro *Os donos do poder*, obedece a uma lógica burocrático-particularista, ou seja, o Estado transfere recursos públicos para indivíduos privados por diversos meios, entre os quais benefícios salariais e previdenciários. Para Faoro, a questão central do processo de formação do Estado nacional no Brasil é o seu controle por um aparato burocrático permeado por relações clientelistas.[1] Esse aparato burocrático tem como característica principal uma relação distante com a cidadania e uma forma de Estado imposta de cima para baixo. Mesmo existindo bons motivos para duvidar da maneira pela qual Faoro concebe a formação do Estado e da dominação política no Brasil,[2] é possível dizer que existe um processo histórico de apropriação do

[1] Jessé Souza faz uma crítica correta a Faoro no que diz respeito à distinção entre o conceito de patrimonialismo em Max Weber e a ideia de Estado patrimonial. Para Weber, o patrimonialismo era um tipo histórico de Estado e, ainda que Raymundo Faoro o localize na formação do Estado português, a ideia que esse tipo de Estado poderia se reproduzir, seja em Portugal, seja no Brasil, não parece correta. [2] O principal problema da tese de Faoro reside na sua ancoragem excessiva em um conceito de Estado patrimonial muito mal-entendido, porque supõe uma reprodução automática das características do Estado patrimonial português por quase mil anos. Por sua vez, isso não existe em Max Weber, pois a reprodução do Estado patrimonial depende da relação entre atores e interesses. No caso brasileiro, trata-se de investigar quais processos atualizam o patrimonialismo. Ao mesmo tempo, Faoro desconhece o papel da escravidão na formação de uma estrutura de exclusão política e social que ele atribui exclusivamente à forma assumida pelo Estado brasileiro. Ver Souza, 2017.

Estado brasileiro por diferentes grupos estatais ou paraestatais, pelo menos desde os anos 1930.

No entanto, esse processo histórico de consolidação de um Estado patrimonialista tem sofrido adaptações crescentes a objetivos que o Estado brasileiro assume em cada um dos diferentes períodos históricos. Entre 1930 e 1980, o Brasil teve um Estado desenvolvimentista clássico que expandiu suas principais atividades na direção da organização de atividades econômicas. A criação de um conjunto de agências e de empresas vinculadas ao Estado apresentou pela primeira vez um problema que ainda não encontrou solução plena: como conciliar estruturas modernas de um Estado burocrático com um sistema político patrimonialista, que precisa inserir interesses privados de forma não moderna? No primeiro período do desenvolvimentismo, entre 1930 e 1964, o problema foi resolvido parcialmente por meio do chamado insulamento burocrático, isto é, os setores modernos do Estado se isolaram do sistema político. Se tal solução foi viável nos anos 1950 e 1960, ela é inviável hoje, uma vez que o sistema político não abre mão dessas indicações, como vimos em relação à área de petróleo na década passada.

Ainda nos anos 1950, no momento da construção de Brasília e da elaboração do Plano de Metas, surgiu uma segunda questão: a organização do setor de infraestrutura do Estado brasileiro, que recebeu uma solução péssima elaborada sob a ótica da rapidez dos processos no setor público quando do estabelecimento da nova capital. Naquele período, foram planejadas diversas estruturas paralelas às formas de controle do Estado brasileiro, que receberam a curiosa denominação de "administração paralela", como o Grupo Executivo da Indústria Automobilística (Geia), que possibilitou a instalação das montadoras na região do ABC, mas também abriu o caminho para os subsídios setoriais. Essas estruturas permitiram o surgimento de uma segunda forma de relação entre o público e o privado por meio da criação de empresas especializadas em obras públicas que, a partir daí, se tornaram as grandes doadoras para as campanhas eleitorais do sistema político. Nesse sentido, o Brasil teve uma forma de insulamento do setor não moderno do sistema político e, ao mesmo tempo, uma forma privada de recomposição das relações entre o setor econômico moderno e o sistema político. Tais estruturas se mostraram extremamente resilientes às reformas no Estado desenvolvimentista que tiveram como objetivo reduzir o seu tamanho e, principalmente, mudar a sua forma de ação de produtor direto para detentor de participações acionárias. No entanto, elas persistem.

Desde a democratização brasileira, surgiu uma terceira dimensão relativa ao Estado brasileiro, que diz respeito à profunda reorganização do setor de políticas sociais a partir das diretrizes elaboradas pela Constituição de 1988. As políticas sociais tiveram um papel de segmentação e ampliação das desigualdades no Brasil por um longo período. A saúde foi segmentada entre trabalhadores do setor formal e informal da economia até 1988, e apenas nos anos 1970 a educação se universalizou para tão somente os primeiros oito anos do ensino fundamental. Ao final do regime autoritário, a cobertura de saneamento das grandes cidades brasileiras era inferior a 50% dos domicílios. Portanto, tínhamos um país com políticas sociais frágeis e frequentemente submetidas ao particularismo do sistema político. A Constituição de 1988 e os governos entre 1994 e 2014 reorganizaram completamente as políticas sociais no Brasil, estabelecendo uma estrutura mínima de Estado social. A criação do Sistema Único de Saúde (SUS), em 1990, possibilitou a estruturação de uma rede de cobertura universal na área da saúde. Também na área da assistência social foi criada uma rede no território nacional denominada de Sistema Único de Assistência Social (Suas). Por fim, a área de educação pública sofreu enorme expansão nesse período, especialmente o ensino superior. Todas essas medidas significaram aumento do Orçamento e do tamanho do Estado.

Neste capítulo, argumento que a atual crise do Estado brasileiro tem dois aspectos. De um lado, há a continuidade/atualização de práticas históricas de espoliação do Estado e dos recursos públicos, processo que se originou nos anos 1930 e segue sendo defendido, de diversos modos, tanto por desenvolvimentistas quanto por liberais. No período posterior às políticas de privatização, a discussão em torno da origem e atualização de tais práticas ganhou novo folego. De outro lado, desde 1988, o Brasil vem construindo um setor de políticas sociais gerido de forma muito mais eficiente que os demais setores do Estado, mas que absorve uma quantidade significativa de recursos, como ocorre em todos os países nos quais existe a proteção social. A crise do Estado brasileiro se estrutura na improvável interseção entre esses dois modelos de Estado, o patrimonial e o social, sendo agravada pela maneira como as obras de infraestrutura estão organizadas como sustentação ao sistema político.

Desenvolvimentismo, patrimonialismo e Estado

Quando Getúlio Vargas assumiu o governo pela primeira vez, em outubro de 1930, o Brasil era um Estado clientelista e carente de uma burocracia minimamente estruturada, seja na economia, seja na área da organização de suas funções básicas. Não havia, por exemplo, um sistema centralizado de contabilidade da dívida pública. Vargas tomou duas decisões simultâneas que estão na raiz daquilo que o Estado brasileiro é atualmente: iniciou a organização de uma estrutura desenvolvimentista e, ao mesmo tempo, de uma burocracia estatal moderna com a criação do Departamento Administrativo do Serviço Público (Dasp) ainda nos anos 1930.

Para organizar o Estado desenvolvimentista, Vargas criou um conjunto de agências estatais e empresas estabelecendo uma lógica dupla que persiste até hoje. Foram criadas, nesse período, diversas agências e empresas responsáveis pelo processo de renovação das estruturas do Estado patrimonial e de sua relação com o Estado desenvolvimentista. De um lado, a necessidade de gerar uma estrutura de Estado mais eficiente tornou essas agências estatais parcialmente independentes das estruturas de controle já existentes. Por outro lado, a independência da estrutura de controle fez com que migrassem para o campo dessas empresas um conjunto de grupos privados presentes no entorno da estrutura do Estado brasileiro e fortalecidos por um novo padrão de relação público-privado. Ignorado pela maior parte dos economistas desenvolvimentistas, podemos chamar essa questão de longo prazo de "economização do patrimonialismo". Portanto, diferentemente de outros países[3] que renovaram a sua estrutura econômica política com o desenvolvimentismo, o Brasil nada fez para alterar a relação entre Estado e grupos econômicos.

Podemos apontar desdobramentos das principais características de longo prazo do desenvolvimentismo de Vargas até os anos 1980, relevantes nos erros de política econômica na última década.

A primeira dessas características é a origem extrativista das elites brasileiras e a maneira como essas elites se apropriam de novas estruturas econômicas. O trabalho recente de Acemoglu

---

3 O melhor exemplo aqui é o Japão, que rompeu com uma estrutura de elites agrárias antes de se industrializar. Em segundo lugar, podemos pensar no exemplo da Coreia do Sul. Em ambos os casos, o Estado, ao se tornar desenvolvimentista, atualizou as práticas políticas de grupos tradicionais. Ver Moore Jr., 1966.

e Robinson sobre a teoria das elites aponta na direção de um problema de difícil solução completamente ignorado pelo desenvolvimentismo, que consiste em saber se os países que alcançaram a Inglaterra e a ultrapassaram no seu processo de desenvolvimento econômico ao longo do século XX — Estados Unidos, Alemanha e Japão — têm características compartilháveis com outros países, o que permitiria uma teoria do *catch up*.[4] No caso do Brasil, a maioria dos economistas sugere que as categorias ou estruturas que faltam ao país para acompanhar o desenvolvimento tecnológico daqueles países são um sistema de ciência e tecnologia ligado à indústria e um sistema de financiamento da produção imune à chamada captura, isto é, um processo no qual as políticas públicas são capturadas por grupos de interesse privados. Falta operar com uma teoria dos atores e com uma teoria das elites. Esses dois aspectos serão tratados adiante na discussão sobre a política econômica do governo Dilma Rousseff.

Gostaria ainda de abordar um último aspecto da formação de um Estado moderno/patrimonialista no fim do primeiro período democrático (1946-64). Trata-se das mudanças na organização do Estado introduzidas por Juscelino Kubitschek. Até os anos 1950, o Brasil tinha um Estado patrimonialista com estruturas de insulamento burocrático. Por haver uma tecnoburocracia em algumas empresas importantes no coração do Estado desenvolvimentista, como a Vale do Rio Doce, o Banco Nacional de Desenvolvimento Econômico e Social

---

4 A teoria do *catch up* assume que o principal problema do desenvolvimento é estabelecer as condições políticas para que medidas de desenvolvimento econômico que foram exitosas em um país o sejam em outros. Essa teoria tem, como ancoragem empírica, os casos da Alemanha e do Japão. No Brasil, seu representante mais importante é Albuquerque (2009). Mesmo na sua melhor versão, falta à teoria do *catch up* um estudo das limitações políticas da elite econômica.

(BNDES) e o Banco do Brasil, estas empresas não se contaminaram completamente com as estruturas do patrimonialismo. Esse insulamento gerou uma relativa eficiência do Estado brasileiro em relação a seus congêneres mexicano e argentino. Nos anos 1950, Juscelino Kubitschek adiciona uma nova camada a essa estrutura com a criação da chamada "administração paralela" e da Companhia Urbanizadora da Nova Capital do Brasil (Novacap), empresa encarregada da construção de Brasília. Com a Novacap, ele estabelece relações mais umbilicais e menos transparentes com as empreiteiras criadas naquele momento, por exemplo, a Andrade Gutierrez. O estatuto da Novacap permitia que não houvesse licitação e, em alguns casos, nem ao menos prestação de contas em relação às obras. Essa mesma estrutura seria recriada por Fernando Henrique Cardoso na Petrobras, nos anos 1990, e amplamente utilizada pelos governos do PT. Assim, o terceiro pilar do Estado brasileiro criado no período 1946-64 foi ancorado na relação direta entre Estado e empresário na área de infraestrutura. Essa relação se desenvolverá de forma intocada durante o regime autoritário e será legada à Nova República sem grandes modificações e retoques, a não ser a mudança pontual da empresa mais relevante na área, a Mendes Júnior. Campeã das obras de natureza obscura durante o regime autoritário, essa empresa será substituída pela Odebrecht, no início dos anos 1980, por motivos tanto econômicos quanto políticos.

Portanto, no primeiro período de modernização brasileira, forma-se um Estado extremamente desequilibrado no que se refere às suas funções: ele é o construtor de infraestrutura urbana nas cidades e também o mecanismo regulador de todas as demais atividades econômicas. Por outro lado, esse Estado padece de déficits estruturais importantes. Como não dispõe de uma tecnoburocracia suficiente para administrar o enorme complexo que o compõe, sua opção é concentrar os elementos mais capazes em algumas áreas como a financeira e a de energia. Por fim, ele não tem uma forma transparente de se relacionar com o empresariado que surge a partir das suas atividades. Todos esses elementos contribuirão para a crise do Estado desenvolvimentista no início dos anos 1980 e na segunda década do século XXI. A crise econômica e também política resultante dessas contradições permitiria, pela primeira vez, o fortalecimento de uma concepção liberal de Estado que, ainda assim, segue tão permeada pelo patrimonialismo quanto pelo desenvolvimentismo.

Os anos 1990 e a nova estrutura do Estado brasileiro

O fim do Estado desenvolvimentista coincide com a crise da dívida externa e com a redução significativa do tamanho do Estado no Brasil. O ocaso desse modelo de Estado interventor na economia é concomitante a dois fenômenos: o primeiro deles foi a desorganização das empresas estatais, utilizadas como captadoras de dólares no último período do regime autoritário; o segundo foi o ruidoso processo de revelação de corrupção ligada a diversas áreas de atuação do Estado desenvolvimentista, como a Siderúrgica Brasileira (Siderbras) e a Superintendência Nacional da Marinha Mercante (Sunamam), somado às denúncias de uso político de diversas empresas, como a Companhia Siderúrgica Nacional (CSN) e a Usiminas.

Em conjunto, esses dois fenômenos geraram o que se poderia denominar de um "consenso liberal" pós-desenvolvimentista, consolidado durante os governos de Fernando Henrique Cardoso com a expansão do ideário liberal no país. O Brasil tem uma relação sui generis com o liberalismo desde, pelo menos, o século XIX. O liberalismo é, antes de tudo, uma doutrina da liberdade identificada com uma instituição por excelência, o contrato. Em teoria, essa instituição seria capaz de produzir liberdade no campo da política e eficiência no campo da economia (Hayek, 2012; Popper, 1980). O liberalismo possui também uma concepção historicamente construída acerca do equilíbrio entre política e economia. Sua ideia-chave sustenta que o desenvolvimento econômico ocorre em oposição aos limites impostos por macroinstituições políticas, em especial o Estado. Esse argumento, provavelmente correto para a França e a Inglaterra do século XVII e início do século XIX, estabelece limites teóricos na discussão sobre a constituição de um conjunto de instituições propícias ao desenvolvimento econômico, a saber, o sistema legal, a propriedade privada e a instituição do contrato (North, 1990; Acemoglu e Robinson, 2013). No caso brasileiro, temos um liberalismo que jamais aceitou a inovação econômica, que não aceita a regulação da propriedade[5] e que nunca rompeu com as estruturas do Estado patrimonial.

A adaptação liberal do Estado desenvolvimentista foi feita por Fernando Henrique Cardoso, que, diferentemente do que muitos autores argumentam, promoveu um processo limitado de privatização. Ele manteve sob o controle estatal praticamente toda a área de energia, incluindo os setores petrolífero e elétrico, assim como a totalidade dos bancos públicos, optando por privatizar áreas secundárias dentro da política de desenvolvimento, como as siderúrgicas e a Embraer. As grandes privatizações do período FHC foram das empresas de telefonia e da companhia Vale do Rio Doce. Ainda assim, é possível argumentar que a estrutura do Estado brasileiro na sua relação com a economia mudou a partir de seu governo.

Duas grandes mudanças quase simultâneas ocorreram na estrutura do Estado e tiveram impacto na sua crise a partir

---

5 A regulação da propriedade passa a ser parte do liberalismo anglo-saxão com o fim da era Lochner. Ver Sunstein, 1987.

de 2013. Em primeiro lugar, o Estado brasileiro se tornou o controlador de um grande número de superempresas. Em segundo lugar, passou a administrar parte substancial do financiamento para a indústria por meio do BNDES. Na parte de controlador majoritário de empresas públicas, o Estado se tornou o gerenciador de grandes companhias de energia como a Petrobras e a Eletrobras e, no nível estadual, da Companhia Elétrica de Minas Gerais (Cemig) e da Companhia Paulista de Força e Luz (CPFL). Essas empresas adquiriram um porte maior como sociedades anônimas e se tornaram grandes executoras da política pública para a área. Em quase todos os casos, elas também passaram a atuar dentro de novos marcos regulatórios, lançaram ações em bolsa de valores e tiveram parte significativa de suas ações compradas por fundos ou investidores internacionais, dando início a um modelo diferente de atuação do Estado na economia. Em um primeiro momento, esse modelo se mostrou bastante eficiente segundo Musacchio e Lazzarini (2015), que analisaram a mudança de perfil de um Estado produtor para um Estado controlador de grandes empresas.

Em segundo lugar, esse novo modelo de Estado atribuiu ao BNDES o papel de emprestar recursos a essas empresas como parceiro menor ou acionista minoritário. Nessa modalidade, assim como na modalidade de empréstimo direto, o banco abriu mão de seu papel de promotor de inovação e passou a investir em empresas líderes de seus setores, as quais utilizaram esse capital para reforçar a sua liderança setorial. Em 2009, os principais clientes dos empréstimos do banco eram a Petrobras, com parcelas crescentes de financiamento, seguida por Telemar Oi, Vale, Suzano e Brasil Telecom. Ao concentrar os seus empréstimos em empresas de grande porte, o BNDES também intensificou sua relação política com suas governanças, e essa nova relação se manifestaria em financiamentos de campanhas e outros tipos de relação privada.

Em contraponto com essas mudanças, duas características permaneceram intocadas na organização do Estado brasileiro: as estruturas patrimoniais e as estruturas paralelas criadas durante o governo Juscelino Kubitschek e reforçadas durante o período autoritário (1964-85).

Do ponto de vista das estruturas patrimoniais, o interessante no processo de privatização promovido pelo governo Fernando Henrique foi que tudo ocorreu dentro da mesma estrutura de relação entre Estado e setor privado criada no período estatizante. Assim, o Estado foi o grande ator a articular o processo de privatização, além de financiá-lo e de determinar quais seriam os grupos apoiados pelos fundos de pensão. Todas essas decisões foram tomadas pelo Estado visando menos o desenvolvimento econômico nacional e mais as relações privadas já estabelecidas com esses grupos.

Ao largo dessa nova estrutura de controle partilhado das empresas e através de um arranjo de sociedades anônimas, reinstalou-se e se expandiu o poder das estruturas paralelas, em especial das empreiteiras. Mudou-se a relação das grandes empresas partícipes da ordenação paralela do Estado — a mais familiar e menos eficiente das empreiteiras, a Mendes Júnior, cederia lugar a novas empreiteiras, em especial para a Andrade Gutierrez e a Norberto Odebrecht. Esta última tem a sua trajetória intimamente ligada ao gigante estatal do petróleo desde os anos 1950, quando as principais operações da Petrobras se concentravam no estado da Bahia. A Odebrecht se expandiria além do Nordeste com a construção do edifício-sede da Petrobras no Rio de Janeiro, nos anos 1970, e se especializaria fora do ramo do petróleo, na petroquímica, no mesmo momento em que a Petrobras também se expandiu para o setor. No governo Collor, a Odebrecht se tornaria a maior empreiteira do Brasil, assumindo a maior fatia do financiamento do sistema político via grandes construções ou na área de petróleo, na qual se torna uma grande contratadora privada.

Portanto, embora o Estado desenvolvimentista tenha mudado, ele manteve os seus elementos patrimonialistas. A mudança fundamental foi de um sistema em que o Estado era produtor e ao mesmo tempo parceiro de relações privadas danosas aos seus próprios interesses, que existia desde o primeiro governo Vargas, para outro em que o Estado é menos produtor e mais investidor, sem no entanto deixar de cumprir integralmente o seu papel no sistema financeiro, modelo que se manteve até o governo FHC e a partir do qual foi transformado. Se é correto afirmar que o arranjo estatal que sai do governo FHC é mais moderno que o anterior, é necessário reconhecer também que ele é igualmente vulnerável à captura patrimonialista. Seria possível afirmar que ele é uma forma patrimonialista de modernização através do mercado. Especialmente no caso das empreiteiras ligadas à construção de infraestrutura, setor no qual o Brasil não tem competitividade devido às características de longo prazo da relação entre público e privado, a questão do patrimonialismo se acentua. O problema se agrava ainda com a forma amplamente ilegal com a qual o sistema político se financia por meio delas. Além disso, a sua total dependência das empreiteiras nesse financiamento reforça relações patrimonialistas em setores como o sistema financeiro e a indústria de petróleo. Desse modo, nem a Constituição de 1988 nem as mudanças do governo FHC conseguiram romper com a velha captura patrimonial do setor produtivo do Estado brasileiro. Essas características se ampliariam no governo Lula.

A política econômica brasileira a partir de 2003 obedeceu a esse conjunto de elementos que compõem a agenda desenvolvimentista patrimonialista e sua inflexão liberal na década anterior. O momento inicial de elaboração dessa agenda ocorre nos primeiros meses do primeiro governo Lula, envolvendo a reorganização da política de petróleo pela expansão da Petrobras, mas principalmente pela ampliação da cadeia de produção, realizada mais uma vez a partir de relações políticas e não da inovação econômica.

A expansão da atuação da Petrobras nesse período teve um papel no que se poderia chamar de "novo desenvolvimentismo". A Petrobras pode ser considerada um *case*, uma vez que o papel do petróleo na economia brasileira se diferencia da influência da commodity em outras economias, justamente pelo fato de que a sua descoberta e exploração exigiram, em todos os momentos, o desenvolvimento tecnológico nas áreas de geologia e prospecção. A partir das primeiras descobertas em águas profundas nos campos fluminenses de Marlim, Barracuda e finalmente Roncador, no fim da década de 1990, surgiu a necessidade de um complexo arranjo para o desenvolvimento de tecnologias geológicas para a identificação do petróleo e, ao mesmo tempo, de inovações na engenharia de prospecção. A capacidade de prospecção da companhia passou dos 2 mil para 3 mil metros no começo da década passada, apontando para a autossuficiência tecnológica.[6]

Percebendo o potencial econômico que a expansão da produção de petróleo oferecia ao país, o governo Lula decidiu·

---

6 Existe uma polêmica interessante em relação a esse ponto que repercute na academia internacional. Brooks, professora do MIT e uma das grandes especialistas em desenvolvimento, elabora um conjunto de elementos importantes para entendermos o papel da Petrobras no setor de produção de petróleo. Ela ressalta que a empresa se desenvolveu em um país com uma forte tradição de clientelismo e corrupção e, neste sentido, a tradição em que ela opera não poderia ser muito diferente. No entanto, ao comparar o desenvolvimento do setor de petróleo no Brasil e na África do Sul, a autora aponta para o fato de a Petrobras ter conseguido passar de uma imitadora de tecnologia para uma desenvolvedora de tecnologia. Já Priest enfatiza os elementos de desenvolvimento tecnológico da empresa e a articulação entre empresa e conhecimento na área. Ver Priest, 2016; e Brooks e Kurtz, 2016.

promovê-la por meio de um programa de nacionalização de fornecedores que se tornaria particularmente forte na área da construção naval — setor sempre dependente de grandes empresas nacionais, como a Vale do Rio Doce e a Petrobras. A Petrobras havia implementado, especialmente nos anos 1990, uma política de exigência em relação a seus fornecedores nacionais que acabaria levando à diminuição do grau de nacionalização desses fornecedores. Com as medidas do governo Lula, essa tendência seria revertida através do Programa de Mobilização da Indústria Nacional de Petróleo e Gás Natural (Prominp). O programa não foi necessariamente equivocado, já que a indústria de petróleo poderia gerar uma indústria de construção naval próspera. No entanto, ele partiu de pressupostos muito diferentes daqueles que levaram ao sucesso a área de prospecção em águas profundas. Desde o seu início, foi caracterizado pelo lobby político do estado do Rio de Janeiro e pela ausência de um critério claro de competitividade internacional como o que marcou o sucesso do programa da Petrobras em outras áreas (Jesus e Gitahy, 2009).

Assim, a questão do papel do Estado no desenvolvimento da economia brasileira é quase um problema sem solução pela maneira como o arranjo político-patrimonialista e a atuação econômica do Estado se associam. Fernando Henrique Cardoso tentou resolver esse problema pela ótica de certa modernização do controle via fundos de pensão e controle na bolsa de valores, sem perceber que a estrutura do capitalismo financeiro pode muito bem promover uma estrutura de captura patrimonial. O governo Lula tentou aprofundar a inserção do Estado por meio de cadeias produtivas como a do petróleo, sem se dar conta de que a modernidade do arranjo produtivo da Petrobras estaria em risco ao não modernizar os seus fornecedores e aceitar arranjos políticos patrimoniais em uma área tecnologicamente bem-sucedida. O governo Temer tentou submetê-la completamente a uma dinâmica internacionalizada. Todos os três governos enfrentaram problemas na gestão da empresa e é de esperar que o mesmo ocorra no governo Bolsonaro.

No entanto, não é possível falar sobre patrimonialismo no Brasil sem mencionar a relação entre o sistema financeiro e o Banco Central. Aí reside a principal estrutura de drenagem do setor público no Brasil.

A jabuticaba brasileira: Patrimonialismo financeiro-liberal

A crítica à industrialização no Brasil foi hegemonizada pelo papel do sistema financeiro e não teve como centro a questão da inovação e da competitividade. Ela obedece a uma perspectiva de liberalismo jabuticaba, que não se preocupa com o crescimento econômico ou com a organização da economia dentro do Estado nacional. Desde o fim do regime autoritário, o centro da elaboração de políticas liberais migrou para o Banco Central. O núcleo financeiro que ali se instalou representa uma certa mistura de captura política com representação de interesses do sistema financeiro. Pelo lado da captura política, o Banco Central demonstra a presença da síndrome da porta giratória, um processo pelo qual indivíduos do mercado financeiro realizam "sacrifícios" pessoais ao aceitarem cargos no Banco Central sabendo que, uma vez completado tal sacrifício, serão generosamente recompensados nas posições que voltarão a assumir no mercado financeiro.[7] Dessa forma,

---

7 É possível diferenciar os bancos centrais entre aqueles que têm como missão o controle da inflação, a estabilização do crescimento econômico ou a estabilização/promoção da austeridade. Ver Blyth, 2013.

estabeleceu-se no Brasil, desde a redemocratização, uma ocupação de cargos relevantes no Banco Central por membros do mercado financeiro. Esses indivíduos consolidaram um conjunto de visões acerca da atuação do Banco Central que pode ser resumido nos pontos a seguir.

Em primeiro lugar, o Banco Central brasileiro tem como missão apenas o controle da inflação e não o compromisso com o crescimento econômico, diferentemente de outros bancos centrais. O compromisso com a inflação baixa é, ao mesmo tempo, um descompromisso com a ideia de crescimento econômico que se manifesta em altas taxas de juros. Mesmo nos momentos de crise internacional ou nacional, o Banco Central brasileiro segue essa orientação. Durante a crise de 2008, por exemplo, a maior parte das economias desenvolvidas zerou a sua taxa de juros em setembro daquele ano. Entre as economias em desenvolvimento, todas elas, com exceção do Brasil e do Chile, diminuíram as suas taxas em setembro e dezembro de 2008, quando o Banco Central chileno realizou um grande corte nos juros. No caso do Brasil, a ata do Banco Central de outubro de 2008 tem como única preocupação a inflação em um momento de forte desaceleração da economia. Segundo o documento assinado pelo Comitê de Política Monetária (Copom), "de fato, um cenário prospectivo desfavorável ainda se manifesta nas projeções de inflação consideradas pelo Comitê. [...] Nesse contexto, avaliando o cenário prospectivo e o balanço de riscos para a inflação, em ambiente de maior incerteza, o Copom decidiu por unanimidade, neste momento, manter a taxa Selic em 13,75% a.a., sem viés" (Copom, 2008, § 24-5). A inflação se transforma em justificativa para a defesa dos interesses do capital financeiro e para um completo desinteresse pelo estado da economia real. Dilma Rousseff impôs uma queda na taxa de juros que desfaria a aliança entre o governo de esquerda e o setor financeiro com custos políticos altíssimos.

Em segundo lugar, o Banco Central brasileiro tem um compromisso com o mercado financeiro que não passa pela legalidade institucional vigente no país. A principal expressão desse compromisso são os elementos extrajudiciais da gestão financeira, sendo que o mais conhecido entre eles são as chamadas "liquidações extrajudiciais" realizadas pelo Banco Central. Trata-se de um misto entre tentativa de manter fidelidade a uma elite oligárquica financeira e necessidade de dar credibilidade ao sistema como um todo. Portanto, essas liquidações extrajudiciais correm por uma rota diferente daquela em que circulam as regras aplicadas a todos os outros setores econômicos. Nessa rota especial, os ativos liquidados continuam pertencendo aos donos das instituições financeiras que podem se beneficiar de sua valorização posterior para acertar suas contas com o Banco Central. Isso, em geral, garante aos liquidados a capacidade de recuperar um amplo patrimônio depois das liquidações, como foi o caso dos bancos Nacional, Bamerindus e Econômico,[8] apesar de ser bastante evidente que esses mesmos atores econômicos teriam prejuízos se não houvesse a liquidação extrajudicial. Portanto, esse procedimento não passa de um subsídio do setor financeiro aos seus ex-membros. Recentemente, com a homologação da delação premiada do ex-ministro Antonio Palocci na Lava Jato, acrescentou-se mais um elemento extrajudicial na gestão do mercado financeiro: o Banco Central passou a ter autorização para assinar acordos de leniência com instituições financeiras envolvidas em casos de corrupção, ou seja, os bancos brasileiros não precisam se submeter a nenhuma instituição que não seja o Banco Central.

---

8 A liquidação desses três bancos seguiu esse roteiro: todos eles tinham fortes ligações com políticos importantes — o Banco Nacional pertencia a um velho líder da elite política mineira; o Banco Econômico se articulava diretamente com o grupo do ex-senador Antônio Carlos Magalhães; e o Bamerindus pertencia a um ministro do governo FHC ligado a setores agrários do sul do país.

Por último, vale a pena recordar que o Banco Central brasileiro tem uma relação não apenas "pessoalizada", mas também institucional com o mercado. Essa relação privilegiada se expressa na institucionalização das previsões do mercado chanceladas em relatório do banco pela assim chamada pesquisa Focus, que parece ser o caso conhecido mais gritante em que se oferece a um grupo que quer influenciar uma política a capacidade de participar na decisão sobre essa mesma política.[9] Ela não apenas permite ao sistema financeiro influenciar a política indiretamente, como ocorre em qualquer estrutura política corporativista, como também fornece uma via institucional por meio da qual aqueles que podem se beneficiar de juros altos têm os instrumentos para mantê-los mais altos do que o necessário — para isso, basta prever uma inflação mais alta.

Não por acaso, como será discutido a seguir, o acirramento da conjuntura que levou à crise institucional de 2013-8 ocorreu justamente no momento em que a ex-presidente Dilma Rousseff, em confronto com o mercado financeiro, reduziu a taxa de juros, no início de 2012. Antes, porém, há que mencionar um novo pilar do Estado patrimonial no Brasil.

---

9 Não por acaso, no campo dos assuntos fora da agenda na crise econômica de 2015-7, encontra-se o fato de o mercado financeiro, através da pesquisa Focus, ter errado vezes seguidas a previsão de inflação. Curiosamente, o erro de prever a inflação mais alta do que ela realmente é dá lucro aos bancos e agentes do mercado financeiro, sendo, portanto, um caso no qual o erro é recompensado monetariamente. Assim, o mercado projetou uma inflação de 4,94% para 2017, mas a inflação esteve abaixo desse patamar em todos os meses até julho do mesmo ano. O fato de esse sistema ser ineficiente sob a ótica liberal não faz com que nenhum dos economistas liberais no Brasil seja crítico a ele, uma vez que todos estão inseridos na concepção jabuticaba do liberalismo econômico.

A nova estrutura patrimonial

Não é possível discutir as funções contraditórias do Estado brasileiro sem examinar o papel das novas corporações legais criadas ou reforçadas pela Constituição de 1988. Enquanto o primeiro ponto aqui analisado se refere a elementos invariantes da organização do Estado, como a estrutura das empresas e órgãos do sistema financeiro, a estrutura patrimonial é complementada por esse novo fenômeno produzido pela Constituição. A Carta Magna realizou algumas modificações importantes na estrutura de poder no Brasil, mas não conseguiu escapar à dinâmica de regras particularistas para o funcionalismo público. É verdade que ela introduziu o concurso público em todas as áreas como mecanismo de ingresso, mas não conseguiu estabelecer nenhum critério meritocrático, seja para a promoção, seja para o salário. Com o tempo, a estrutura de incorporação de gratificações se generalizou em quase todas as áreas do serviço público, assim como diversas outras formas de salário indireto.[10]

Entre todos os setores do funcionalismo no Brasil, nenhum teve um aumento de salários e benefícios indiretos tão grande quanto as corporações judiciais. A Constituição de 1988 foi extremamente generosa ao manter e ampliar os benefícios da corporação jurídica. Entre democracias estáveis, ela é a única a reconhecer — em dez artigos — uma profissão, a dos advogados,[11] e uma associação de classe, a Ordem

---

10 Uma lista dos salários de professores da Universidade de São Paulo recentemente divulgada pelo jornal *Folha de S.Paulo* mostrou não apenas a proliferação de supersalários mas, ainda mais importante, também uma desvinculação completa entre remuneração, mérito e desempenho. Ver *Folha de S.Paulo*, 16 nov. 2014. **11** Com isso, consolidou-se no Brasil a profissão de advogado, que conta com mais de 1 milhão de praticantes. O Brasil tem 1423 cursos de direito, ao passo que os Estados Unidos possuem 237.

dos Advogados do Brasil (OAB). Paralelamente ao aumento do poder da classe, houve o aumento do poder da corporação estatal, que teve dois componentes: um ligado à estrutura de divisão de poderes e o outro à organização funcional. Na estrutura de divisão de poderes, a Constituição ampliou enormemente o poder do STF ao torná-lo, ao mesmo tempo, corte constitucional, instância máxima de apelação e foro especial para o julgamento de políticos. Com o aumento das prerrogativas, também foi fornecido às corporações judiciais o formato da autonomia funcional, conferindo a elas a capacidade de negociar carreiras e aumentos dos próprios salários e também de aumentar o orçamento de custeio para passagens e gratificações, entre outros itens. Com o tempo, foi se estabelecendo uma bifurcação na estrutura de despesas da União, consolidando um conjunto de regras e tetos de despesas para os órgãos dos poderes Executivo e Legislativo, mas não seguidas pelos do Poder Judiciário.

A partir da última década, o fortalecimento dessas corporações foi acompanhado por uma expansão crescente dos limites e tetos de despesas frequentemente amparada por decisões legalmente sancionadas.[12] Assim, o Poder Judiciário e o Ministério Público passaram a ter supersalários, sem que os limites constitucionais fiscalizados pelo Tribunal de Contas da União vigorassem para aqueles órgãos. Criou-se no Brasil uma estrutura de "isonomia" em cascata em que outras carreiras passaram a ter referência nas do Judiciário ao pedir equiparações. A partir desse procedimento, surgiu uma nova estrutura de apropriação privada do Estado brasileiro ligada às corporações judiciais. Essa estrutura mudaria o padrão de gastos do setor público brasileiro, como mostrado no gráfico 1.

---

12 Entre muitos exemplos, cabe citar o da acumulação de salários em varas da Justiça federal.

Gráfico 1 — Comparação entre gastos com pessoal no período de 2006 a 2015

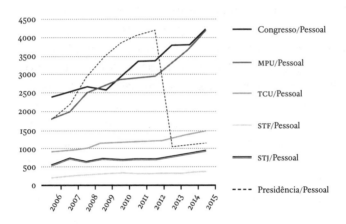

Fonte: Ministério do Planejamento.

Assistimos, portanto, a uma reorganização dos dois componentes principais do Estado patrimonialista por duas vias diferentes, sendo a primeira delas uma complexificação. Em primeiro lugar, pela via da economia, o esforço de FHC para criar um Estado desenvolvimentista menos capturado não foi bem-sucedido por causa da sobrevivência de um esquema de financiamento de campanha que colocou as empreiteiras no centro da gestão econômica do Estado e que não foi desfeito nem pelo PSDB nem pelo PT. Em segundo lugar, as formas de captura do Estado no campo privado não estavam ligadas unicamente à sua função produtora, mas, sim, a estruturas muito mais amplas, com ramificações no BNDES, nos bancos públicos e no Banco Central.

Por outro lado, o fortalecimento da corporação judicial significou o reforço de outra estrutura patrimonialista que se fortaleceu com o Poder Judiciário: a estrutura de supersalários com os assim chamados penduricalhos e estreitas relações entre os ministros do STF e os escritórios de advocacia. Logo, a intenção da Constituição de 1988 de despatrimonializar o Estado foi incompleta porque o ingresso no serviço público via concurso não garantiu o desmonte de estruturas antimeritocráticas e familiares. Cabe mencionar ainda o familismo que se estabeleceu por meio de instituições como o quinto da OAB previsto no artigo 94 da Constituição em relação a nomeações judiciais.[13] O mesmo ocorre com as regras referentes às relações entre empresas privadas e setor público que sobreviveram até a Operação Lava Jato e que provavelmente sobreviverão a ela. Portanto, não há dúvida de que o Estado patrimonial sobreviveu, renovou-se e continua encastelado no centro da estrutura estatal. No governo Bolsonaro, a disputa em torno da Petrobras e sua gestão deve continuar polêmica assim como a política de preços da empresa.

A novidade de 1988: O surgimento do Estado social

O debate sobre o pilar patrimonial do Estado brasileiro pós-desenvolvimentista deve levar em consideração a expansão das políticas sociais na década de 1990 e na primeira década do século XXI. O Brasil, até a sua democratização, contava com um Estado social complementar aos Estados patrimonial e desenvolvimentista. Foram criadas estruturas especiais de proteção social nos grandes núcleos do Estado desenvolvimentista como o Banco Central, a Petrobras e o Banco do Brasil. Esses núcleos ofereciam e ainda oferecem proteção social plena aos

---

13 O caso mais famoso foi o da filha do ministro do STF Luiz Fux, indicada para o quinto da OAB depois de forte pressão do próprio ministro, uma vez que ela não atendia completamente aos requisitos para o quinto. Ver Souza, 2016.

funcionários dessas empresas que assim se incorporavam à dinâmica patrimonial desenvolvimentista. De outro lado, existiam serviços segmentados de previdência e uma diferenciação entre cobertos e não cobertos pelo sistema de saúde com base na inserção no mercado formal de trabalho. Não havia um sistema unificado de saúde, e a assistência social funcionava de forma ainda mais precária com base na caridade, ou seja, em um enfretamento emocional e não racional da pobreza.

A Constituição de 1988 mudou completamente o padrão das políticas sociais no Brasil ao atender à pressão de diversos movimentos sociais que reivindicavam inclusão por meio de políticas sociais mais amplas. A origem do movimento de saúde está ligada a movimentos sociais importantes da redemocratização brasileira: de um lado, o movimento sanitarista e, de outro, movimentos populares pela melhoria da saúde (Escorel, 2002). O movimento de saúde teve dois momentos cruciais nos anos 1980. O primeiro deles foi a VIII Conferência Nacional de Saúde, sediada em Brasília em 1986, que propôs a extinção dos "institutos de previdência", expressão maior da vigência de um direito segmentado à saúde (Gerschman, 1995, p. 78). No entanto, do ponto de vista da participação, o elemento que sobressai nessa conferência de saúde é o alinhamento entre a reivindicação de um Estado mais ativista, por parte do movimento sanitarista, e de uma forma popular de controle público por parte dos movimentos populares. Essa combinação gerou os conselhos como forma geral da participação na saúde (Avritzer, 2017).

No entanto, o direito à saúde demandou garantias de financiamento, o que envolveu um forte enfrentamento no setor público entre 1992 e 1994. Vale lembrar que entre 1930 e 1988 a saúde fazia parte do Ministério da Previdência Social e seus gastos eram custeados majoritariamente pelas contribuições previdenciárias, em um momento em que o sistema era superavitário. Apenas no governo FHC, quando Adib Jatene foi ministro da área por 22 meses, a questão foi parcialmente resolvida com a aprovação da Contribuição Provisória sobre Movimentação Financeira (CPMF). Só no início dos anos 1990 se firmaria o primeiro pilar da estrutura de proteção social do Estado brasileiro.

A política de assistência social tem uma evolução semelhante. Inicialmente, os recursos orçamentários para a área não eram destinações per capita dirigidos aos pobres no território brasileiro, mas, sim, verbas alocadas para programas de instituições paraestatais, como a Legião Brasileira de Assistência (LBA). A partir dos anos 1990, com a extinção da LBA, surgem diretrizes organizacionais para uma política de assistência social concentradas no Ministério da Assistência Social. Uma vez realizada essa formalização, tornou-se evidente aquilo que já se imaginava: que não havia uma rede ampla o suficiente para a implementação da assistência social no país. A partir da década seguinte, os tipos de prestação de serviço foram se diferenciando entre os de alta e baixa complexidade e criou-se uma rede territorial que o Brasil jamais havia experimentado, envolvendo o Centro de Referência de Assistência Social (Cras) e o Centro de Referência Especializado de Assistência Social (Creas), para a assistência geral e a especializada.

As políticas de inclusão social iniciadas ou aprofundadas em 2003 constituíram uma rede de proteção social mínima no Brasil com impacto importante na redução da pobreza. Esses processos começam no nível local, nos anos 1990, durante os governos do PSDB. O financiamento da saúde foi debatido e resolvido parcialmente nesse momento: em média, 3% do PIB é destinado à saúde ao longo dos anos 1990. Na última década, essa cifra passa de aproximadamente quatrocentos reais para setecentos reais per capita, chegando a algo em torno de

4% do PIB. Os gastos em educação também aumentam consideravelmente e vão de 4% para 6% do PIB. Por último, o Programa Bolsa Família é introduzido em 2003 e alcança a marca de 0,5% do PIB. Todos esses programas sociais conjuntamente são responsáveis por uma diferenciação do Brasil em relação aos nossos congêneres sul-americanos. O Brasil arrecada em torno de 35% do PIB em impostos e gasta em torno de 10% dele em políticas sociais. Tal panorama mudou o mapa da desigualdade no país, que vem diminuindo principalmente no nível local, como é possível ver nos mapas da figura 1.

Assim, o terceiro pilar do Estado, criado no pós-1988, é o mais bem-sucedido porque permite, pela primeira vez, romper com a estrutura patrimonial e clientelista a partir da qual o Estado brasileiro foi constituído e da qual ele não conseguia se desfazer. O Estado desenvolvimentista implicou uma atualização perversa da estrutura que possibilitou que o privatismo nas relações entre público e privado se expandisse para relações entre empresas estatais e privadas. Até com a criação de uma estrutura de participação societária da União através dos bancos públicos, durante o governo FHC, os mesmos mecanismos foram mantidos. Transferências para o sistema político de famílias de empresários ligados a esse sistema ou dispostos a financiá-lo, como o caso dos irmãos Batista, persistem até hoje. Situação ainda mais perversa foi gerada pelas corporações judiciais e políticas à medida que mecanismos de controle de despesas e salários foram implantados no país. Assim, o Poder Judiciário e o Ministério Público adotaram, ao longo de décadas, estratégias legais para se eximir de tetos e controles, aumentando seus salários e o custeio da corporação à custa de restrições impostas aos outros poderes, como mostrado no gráfico 2. Vale a pena lembrar que 90% das despesas do Poder Judiciário se referem a salários ou benefícios (Londres, 2018).

Figura 1 — Índice de Desenvolvimento Humano (IDH) por Munícipio

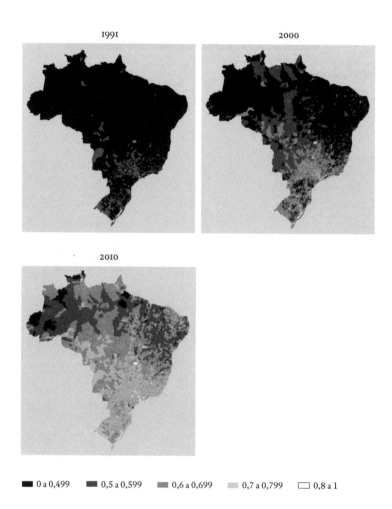

FONTE: SAE/PR, baseado nos Censos Demográficos de 2000 e 2010 e IDH calculado pelo Pnud, Relatório de Desenvolvimento Humano.

Gráfico 2 — Gasto do Poder Judiciário em relação ao PIB

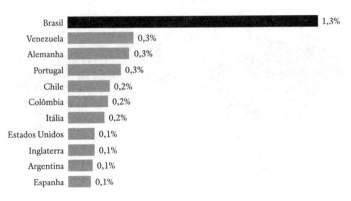

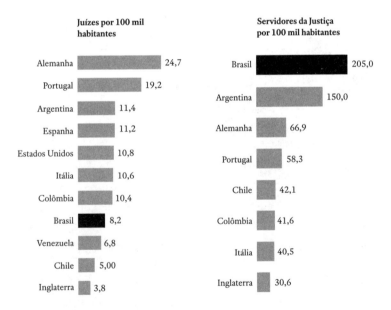

Fonte: Da Ros, 2015.

Contudo, não é possível falar sobre o Estado no Brasil sem falar da Previdência Social. Essa instituição nasceu segmentada na Era Vargas e persistiu excluindo os trabalhadores rurais e domésticos até o início dos anos 1970. É da Era Vargas a criação do Sistema de Previdência Social no Brasil constituído a partir de um conjunto de legislações específicas promulgadas na década de 1930. Nesse período, foram criados o Instituto de Aposentadoria e Pensões dos Marítimos (IAPM) em 1933, o Instituto de Aposentadoria e Pensões dos Bancários (IAPB) em 1934, o Instituto de Aposentadoria e Pensões dos Industriários (IAPI) e o Instituto de Aposentadoria e Pensões dos Operários Estivadores e Transportadores de Cargas (IAPETC) em 1938, e o Instituto de Aposentadoria e Pensões dos Comerciários em 1940. Cada um desses institutos oferecia um acesso específico à aposentadoria e às demais formas de proteção social. Todos eles ofereciam pensões, mas a maior parte não previa a aposentadoria por idade e alguns nem ao menos a aposentadoria por invalidez. Portanto, a origem da Previdência Social brasileira é uma forma segmentada de previdência com contribuições previdenciárias também diferentes. Apenas em 1960 essas formas seriam unificadas, ainda assim excluindo três setores: os trabalhadores rurais, os trabalhadores autônomos e os empregados domésticos. É notável que, desde os seus primórdios, a previdência brasileira se situe na interseção entre direito segmentado e benefício estatal. Enquanto direito, ela se estendeu paulatinamente a todos os setores da população, mas sempre manteve diferenciações fundamentais ao mesmo tempo econômicas e simbólicas.

A Constituição de 1988 incorporaria, no Sistema de Previdência, alguns grupos importantes, como os trabalhadores rurais e os empregados domésticos. No entanto, algumas questões ainda limitariam o alcance de um patamar de universalização dos direitos previdenciários, entre elas a não existência de contribuições para a maior parte dos trabalhadores rurais. Para esse problema, foi encontrada uma solução ad hoc pela via da não exigência de tempo de contribuição dos trabalhadores rurais, cujo tempo de atividade é atestado pelos sindicatos rurais. Essa estratégia acabou prevalecendo na prática.

Por outro lado, ao mesmo tempo que coube à Previdência Social criar uma estrutura mínima de bem-estar em um país conhecido pela incidência da pobreza, coube a ela também manter e renovar as estruturas do Estado patrimonial. Assim, relações clássicas da Previdência Social com instituições claramente patrimoniais, como a Igreja e as Forças Armadas, foram mantidas. Entre as duas, as Forças Armadas foram as que mantiveram o maior número de privilégios, entre eles a herança de pensões e o pagamento de despesas de reservistas. Aos membros das Forças Armadas se juntaram outros grupos, em especial as corporações judiciais, que começaram a usufruir de benefícios patrimoniais semelhantes, como o direito de legar pensões a filhas solteiras.[14] Não por acaso, a Previdência está no centro da disputa política travada pela concepção de Estado no Brasil. Se em todos os outros setores trata-se de eleger prioridades entre diferentes tipos de políticas sociais, no caso da Previdência Social trata-se de eleger prioridades dentro do próprio sistema previdenciário.

A disputa pelo Estado: 2014-8

A crise que se instalou no Brasil a partir de 2014 tornou explícita a impossibilidade de continuação do arranjo de dois Estados. O Estado no Brasil se tornou caro em virtude de

---

14 A pensão a filhas solteiras vem de uma lei do fim dos anos 1950, a Lei nº 3373/1958. Ainda que o Tribunal de Contas da União tenha mudado o entendimento, o Poder Judiciário continua dando ganho de causa a filhas solteiras que estão em união estável ou não dependem financeiramente da pensão.

diferentes fenômenos. Entre eles, a conta de juros sistematicamente acima do que deveria ser em decorrência do extraordinário lobby montado pelo sistema financeiro no Banco Central e pelo aumento das despesas de financiamento da indústria sem impacto decisivo sobre a economia em virtude da captura do Estado pelo setor desenvolvimentista. Mas a disputa fundamental que se apresenta hoje é entre o novo Estado clientelista/patrimonial e o Estado social. O novo Estado clientelista é aquele que possibilita o fortalecimento de instituições do sistema de Justiça e seus congêneres, como o TCU. Um retrato rápido do panorama de despesas com pessoal nos diferentes segmentos do Estado é ilustrativo desse fortalecimento: entre 2006 e 2015, houve um aumento de aproximadamente 50% nas despesas de pessoal no Senado Federal; no Poder Judiciário, de aproximadamente 80%; no STF, de aproximadamente 80%; no TCU, acima de 50%; enquanto o STJ dobrou as suas despesas de pessoal no mesmo período — como mostrado no gráfico 1 (ver p. 94). Vale mencionar que esses dados muito provavelmente omitem despesas como os auxílios que proliferaram entre essas instituições, por exemplo o auxílio vestuário no STF e o auxílio moradia no Judiciário como um todo. Deve ser ressaltado que o único órgão que diminuiu suas despesas no período foi a presidência da República, em parte por cortes de gastos, em parte pela realocação de secretarias antes vinculadas a ela.

Assim, a crise que vivemos é de um padrão de dominação oligárquica de longo prazo do Estado revertida apenas parcialmente pela Constituição de 1988. A Constituição tomou medidas importantes que geraram forte reforço no custeio de despesas relativas às políticas sociais, que hoje representam em torno de 10% do PIB, descontada a Previdência Social — com cerca de 8% do PIB neste momento, ela precisa ser diferenciada e não pode ser considerada integralmente uma política social. Por um lado, existe uma previdência rural deficitária devido à inexistência de contribuição patronal e baixíssima formalização do trabalho no setor, que efetivamente cumpre papel de política social. Por outro, as carreiras especiais do setor público são as principais geradoras do déficit da Previdência — com pouco menos de 1 milhão de beneficiários, o setor público representa metade do déficit. A parcela dos supersalários ou aposentadorias herdadas é parte fundamental desse déficit.

A reação liberal ao modelo de expansão simultânea dos gastos patrimoniais do Estado e do Estado social deu sinais a partir da crise de 2008. Nesse momento, há, pela primeira vez, a necessidade de optar por um dos lados do modelo de dois Estados simultâneos. Pelo lado do governo de esquerda, a solução incluiria uma política de redução de juros, que já vinha sendo adotada nos Estados Unidos e na Europa, e até mesmo em países da América Latina, como o Chile. A opção por retardar o ajuste opôs, pela primeira vez, o ex-presidente Lula e o então presidente do Banco Central, Henrique Meirelles. Economistas liberais, nesse momento, começaram a se posicionar a favor de um choque ortodoxo, que só era implementado em países do sul da Europa, como Espanha, Portugal e Grécia, com resultados sociais devastadores. Começava-se a gestar no Brasil a oposição a um ajuste heterodoxo calcada em um discurso sobre o tamanho do Estado. Ainda assim, os chamados economistas liberais não tiveram força política suficiente para pautar o ajuste ortodoxo e foram obrigados a assistir a uma recuperação econômica de peso em 2010.

A posse de Dilma Rousseff em 2011 radicalizou o enfrentamento acerca do modelo de dois Estados. Os fatos por trás dessa radicalização são conhecidos: uma recusa, por parte do governo, das políticas de juros altos e a oposição dos liberais a um arranjo de partilha no pré-sal, assim como a expansão do arranjo econômico centrado na Petrobras (Singer, 2018). A volta da crise internacional, agora centrada na Europa, desaqueceu o mercado de commodities e exigiria do governo Dilma um ajuste nas contas, apontando pela primeira vez para o limite da solução de dois Estados. Por fim, a pressão por um processo de desoneração de contribuições previdenciárias e impostos, cuja iniciativa parece ter sido da Federação das Indústrias do Estado de São Paulo (Fiesp), comprometeria a saúde das finanças públicas, em particular da Previdência Social, colocando definitivamente na agenda a questão do modelo de Estado. A partir desse momento, os economistas liberais começaram a reunir forças para propor novamente uma política baseada nos pontos clássicos da sua agenda, a saber, a redução do tamanho do Estado, a volta da taxa de juros a um patamar elevado e a desarticulação do papel da Petrobras enquanto organizadora da cadeia produtiva do petróleo.

As eleições de 2014 já se realizam em um ambiente de forte enfretamento em relação ao modelo de Estado. Do lado dos chamados liberais, que se concentram no apoio ao então candidato Aécio Neves, houve hegemonia dos atores do mercado financeiro expressa no papel de liderança do ex-presidente do Banco Central Armínio Fraga. Como assessor durante a campanha eleitoral, Fraga esboçou ali os elementos de uma política que acabaria se implementando anos depois, no pós-impeachment: redução do tamanho do Estado, reforma trabalhista e reforma previdenciária (Fraga, 2015). Ainda assim, a eleição acabou decidida na direção da continuidade das políticas econômicas centradas no Estado. Um fato merece atenção: durante as eleições, em nenhum momento foi discutida a questão do papel das corporações judiciais no Estado brasileiro. No entanto, nessas eleições, elas assumiram um ativismo político e corporativo sem precedentes. No fim do primeiro turno, o ministro Luiz Fux concedeu a liminar que estendeu o auxílio-moradia à magistratura. Em seguida, a eleição do ministro Gilmar Mendes reforçou a campanha pela chamada "PEC da bengala", que elevaria a idade da aposentadoria compulsória de ministros de tribunais superiores de 70 para 75 anos. E, durante o processo de impeachment, foi discutido o reajuste dos salários dos juízes. Assim, toda uma pauta corporativa do Poder Judiciário foi aprovada no exato momento de uma rediscussão das finanças e das prioridades do Estado brasileiro.

A inflexão liberal no Brasil que começou no segundo governo Dilma ocorreu através de uma adaptação aos cânones clássicos do liberalismo jabuticaba, isto é, voltou a vigorar um tripé meio manco centrado nos juros altos e no controle da inflação, na diminuição das despesas do setor público e, no caso do petróleo, num choque de preços aliado a vários ajustes na Petrobras. Vale a pena discutir esses três elementos.

Em primeiro lugar, o sistema financeiro recuperou as suas prerrogativas reassumindo o total controle sobre a política de juros. Isso ocorreu tanto no plano da pessoalização do poder — que, como já mencionado, é procedimento comum dos dirigentes do sistema financeiro — quanto com a retomada de políticas de juros altos. Em segundo lugar, a crise da Petrobras se tornou judicial e política e impediu qualquer recuperação econômica pelo lado do setor de energia.

Assim, um governo baseado em um tripé manco se viu obrigado a realizar cortes profundos nas políticas sociais e nos benefícios sociais dos setores mais pobres da população e desistir de políticas corretas, como a estabelecida em relação à taxa de juros. Ainda assim, na conjuntura 2015-6, o mercado financeiro não aceitou mais se adaptar ao sistema político e passou a ter uma proposta política própria para a qual surpreendentemente ele conseguiu atrair o apoio dos setores industriais (Singer, 2018). Desse modo, a primeira etapa do choque se manifestaria com um claro desequilíbrio nas finanças públicas e, consequentemente, nas finanças das famílias de baixa renda. Essa primeira fase se encerraria com o impeachment da então presidente Dilma em abril de 2016.

A segunda fase do choque liberal incluiu uma política específica em relação ao Estado, mas também um discurso combinado entre diversos atores acerca da responsabilidade pela crise. Essa fase se iniciou com a posse de Michel Temer em 12 de maio de 2016 e resultou imediatamente na radicalização — não sancionada eleitoralmente — do ajuste. A radicalização incluiu a Emenda à Constituição nº 95, a PEC do Teto de Gastos Públicos, e a proposta de uma ampla reforma da Previdência. Do ponto de vista das opções políticas, a PEC em questão tornou a discussão independente da disputa sobre a natureza dos gastos. Ao mesmo tempo, manteve-se uma política de juros elevados no contexto de uma recomposição da hegemonia do setor financeiro justificada por um discurso completamente articulado sobre a "quebra do Estado", que tem um segundo elemento que é a completa subordinação do setor de energia às forças do mercado, a qual só entraria em crise durante a greve dos caminhoneiros em maio de 2018. No discurso, a crise se torna independente em relação ao tipo de ajuste realizado, mas, depois de dois anos de governo Temer, a mesma opinião pública que aceitou o choque liberal começa a duvidar dos seus resultados. É possível que o governo Bolsonaro signifique uma terceira fase do choque liberal, ainda que a forte presença de militares e corporações estatais na aliança que o levou à vitória sugira que o ultraliberalismo da campanha para presidente possa ser temperado.

Os pontos centrais da agenda liberal jabuticaba foram uma PEC de gastos inspirada pelas próprias forças do mercado e a reforma da Previdência proposta tanto no governo Temer quanto no governo Bolsonaro. A PEC inicialmente conhecida pelo número 241 e transformada, quando da sua entrada no

Senado, em PEC 55, expressou muito bem a nova radicalização das forças liberais de mercado. Em primeiro lugar, ela entende o Estado como uma instituição que provoca gastos que afetam negativamente a economia e como uma instituição na qual se fazem negócios com pouca transparência. No caso da Petrobras, essa concepção vai além e transforma um virtual monopólio estatal em um sistema de lucro a partir da especulação diária com os preços internacionais do petróleo gerando instabilidade econômica no restante da economia.

Portanto, do ponto de vista da organização do Estado, as mudanças ocorridas ainda no começo do governo Temer e no governo Bolsonaro tiveram, como objetivo, reduzir seu tamanho de forma pouco criteriosa, poupando o Poder Judiciário e as corporações legais que foram brindadas com generosos aumentos salariais. A partir desse momento, assistimos a cortes em gastos em educação e saúde. Para a questão previdenciária, a proposta do governo Bolsonaro, conforme apresentada ao Congresso no dia 20 de fevereiro de 2019, mexe no Benefício de Prestação Continuada (BPC), aumenta o tempo de trabalho, as condições de comprovação dos trabalhadores rurais e o tempo de contribuição, afetando os mais pobres na previdência do setor privado, sem nenhuma proposta para o teto previdenciário do setor público, que, além de ser a causa do desequilíbrio, também exerce grande impacto sobre a desigualdade social (Medeiros, 2015).

Neste sentido, a conjuntura 2013-8 é regressiva em relação à democracia não apenas no que diz respeito às eleições, mas também ao papel do Estado. Certamente, o Estado brasileiro cresceu em relação ao PIB, mas este não parece ser o problema no momento em que surge um consenso razoável sobre a necessidade de redução de seu tamanho. A questão central é onde cortá-lo e como manter os elementos de políticas sociais que fazem diferença na vida da maioria dos brasileiros, especialmente os mais pobres. Ao final de um período de expansão dual do Estado, a proposta do novo governo, apoiada pelas forças do mercado, é o desmonte do Estado social e a preservação do Estado patrimonialista. No entanto, o problema é como viabilizar eleitoralmente esse tipo de proposta, mesmo depois da vitória eleitoral do candidato Jair Bolsonaro. Apenas algumas semanas após a entrega da proposta de reforma da Previdência no Congresso, já existia forte oposição às mudanças propostas no BPC e na aposentadoria rural, que acabaram excluídas pelo relator da reforma. Em parte, é essa incapacidade que explica a tentativa já demonstrada nos capítulos 1 e 2 — e que voltará à cena no capítulo 5 — de dissociar a democracia do processo de determinação das políticas públicas.

4.
Violência no Brasil: Do homem cordial ao ódio cibernético

O Brasil escapou, ao longo da primeira metade do século XX, das formas de violência estatal e industrialmente fabricadas tão bem descritas por Hannah Arendt no seu clássico livro *Origens do totalitarismo*. Vale a pena mencionar que o Brasil passou ao largo desse processo não apenas pela ótica da violência política, mas também por um caminho muito particular de construção da tolerância e das relações raciais apontado como uma via diferente daquela adotada pelos norte-americanos e europeus naquele momento. Stefan Zweig abre o seu livro *Brasil, um país do futuro* afirmando que a conciliação é "um produto natural de um caráter popular, da tolerância inata do brasileiro comprovada ao longo da sua história" (Zweig, 1941, p. 22). No entanto, escapou a esses autores a forte manutenção de formas pessoais de exercício da violência, especialmente contra a população de baixa renda, processo esse que recrudesceu durante a crise 2013-8 e para o qual devemos buscar explicações.

Dois autores alemães foram fundamentais na discussão sobre a mudança das formas de violência no século XX, a já mencionada Arendt e Carl Schmitt. Para Schmitt, a violência está ligada a uma dinâmica amigo versus inimigo identificada com mudanças no interior da organização do Estado. Em sua obra *O conceito do político*, ele defende uma tese fortemente polêmica, a saber, a ocorrência de uma mudança na natureza do político na modernidade, assim como ocorreram mudanças na arte e na moral. Da mesma forma que a estética e a moral se adaptaram a uma lógica dual, a política também passou por essa transformação. Para o autor,

> em contraste com várias atividades independentes do pensamento e da ação humana, particularmente a moral, a estética e a economia, o político tem o seu próprio critério [...] que se assenta em distinções em última instância em relação às quais podem traçar o sentido político de todas as ações [...]. A distinção política específica em relação à qual as ações e os motivos políticos devem ser reduzidos é a distinção entre amigo e inimigo. (Schmitt, 2009, p. 5)

A tese schmittiana foi muito criticada, mas não me aprofundarei na argumentação defendida por diversos autores.[1] Apenas apontarei aqui os seus fundamentos filosóficos fortemente questionáveis, já que não é absolutamente claro que nem a estética nem a moral na modernidade operem a partir de oposições irredutíveis. A política envolve um elemento em última instância de reconhecimento do outro, que ancoraria as instituições democráticas, segundo defendem os autores da perspectiva agonística. Nesse caso, o Estado moderno não seria, tal como Schmitt argumentou, o local do exercício da inimizade, mas envolveria também a possibilidade de uma construção democrática a partir de objetivos comuns.[2]

No entanto, há um elemento de realismo na tese schmittiana ligado à emergência da intolerância política que não pode

---

1 A primeira crítica a Schmitt foi feita por um de seus principais colaboradores, Leo Strauss, e levou a importantes revisões no texto do próprio autor. Strauss criticou a ideia de um campo político completamente autônomo e sem fundamentos morais. Ele também mostra que Schmitt não consegue ancorar em uma definição a concepção de inimigo e opta por descrevê-lo. Ver Meier, 1995.
2 A própria Constituição de 1988 no Brasil é aberta com uma frase nessa direção: Indivíduos reunidos em uma instituição comum buscam objetivos comuns.

ser ignorado, já que ele faz parte não apenas do cenário da primeira metade do século XX como tem retornado com força também no início do século XXI no Brasil e em outros países. Schmitt já percebia essa oposição como uma possibilidade e, em seu livro sobre o conceito do político, ele afirmou: "A inimizade política não precisa ser moralmente nem esteticamente feia. Ela não precisa aparecer como um competidor econômico e pode até ser vantajoso engajar com ela em transações econômicas. Mas, ainda assim, o outro, é o estrangeiro". A questão evidentemente é que esse outro é diferente na tradição brasileira, em que ele é um indivíduo pobre, em geral da cor negra e a quem não cabem os mesmos direitos que se destinam aos indivíduos da elite.

Assim, a tradição brasileira, devido ao seu elemento pendular, foi diferente da europeia por um longo período. Aqui, foi possível conciliar a tolerância do homem cordial com estruturas de exclusão social, mas esse elemento foi rompido durante o processo recente de ascensão social da população de baixa renda, que abriu um ciclo de intolerância política e social baseado em um novo pressuposto: o da intolerância advinda do homem comum.

Hannah Arendt foi, com Carl Schmitt, a autora que melhor entendeu os extremos da condição da violência gerados na Europa do entreguerras, e sua obra pode ser considerada o seguimento histórico da discussão introduzida por Schmitt nos anos 1930. A ideia de inimizade ou de conflitos extremos com os diferentes levou ao paroxismo da eliminação industrial do inimigo. Arendt se preocuparia com o papel do homem comum nos atos de violência explícita durante o nazismo e em todos os fenômenos de intensa violência no século XX. Apesar de ter publicado diversos escritos esparsos sobre o tema, foi no seu polêmico e brilhante livro *Eichmann em Jerusalém*, escrito durante o julgamento do criminoso nazista em 1963, que ela esboçou a tese sobre a natureza do mal e da violência na modernidade. Hannah Arendt questionou, durante o julgamento de Eichmann, a tese da promotoria de que o acusado teria sido o principal responsável pela implementação da chamada "solução final" e pela execução de crimes contra a humanidade ao integrar uma organização criminosa — no caso a SS —, e ao coordenar a Operação Reinhard teria sido o responsável por um crime coordenado e executado a partir de um centro político definido. A autora se baseou no laudo de um dos exames de sanidade a que Eichmann foi submetido em Jerusalém, no qual seus examinadores sugerem que ele não seria um monstro desprovido de senso moral, mas um ser humano com algum tipo de moralidade ainda que primitiva e arcaica. Arendt defendeu a tese das estruturas abstratas e burocráticas do mal e do papel do homem médio ou do indivíduo normal na perpetração da violência.

Esse parece ser um elemento bastante forte na atual conjuntura no Brasil, onde a violação de direitos e atentados contra a liberdade de expressão têm sido realizados pelo assim chamado "homem comum". São vizinhos, médicos, membros do sistema de Justiça aqueles que estão por trás da forte intolerância existente na sociedade brasileira. A intolerância está ligada a uma visão do homem médio sobre política, reforçada pelo pertencimento a um subgrupo na rede mundial de computadores, a internet. Segundo afirma Kim Kataguiri em recente entrevista ao jornal *O Estado de S. Paulo*: "O homem médio, que nunca foi organizado politicamente, que não estava em partido ou sindicato, em organização estudantil, em nada, agora está começando a se organizar e levantar sua voz e com anseio de ter seus valores representados na política" (5 out. 2017). Ou seja, vivemos no Brasil um *aggiornamento* da tese arendtiana ou uma reintrodução impessoal, através da internet, da prática da violência pelo homem comum que rompe com a estrutura do homem cordial vigente até mesmo em momentos de ruptura democrática.

Interessa para os objetivos deste capítulo uma questão: a mudança na natureza da violência, perpetrada a partir de uma massa plebeia não civilizada, para utilizar a expressão de Zygmunt Bauman. Para Bauman e Arendt, uma parte da violência contemporânea não vem do modelo do tirano oriental, mas do próprio acentuamento da autonomia individual e da falsa ideia de um bem maior em nome do qual a violência pode ser praticada. Assim, encontramos a segunda dimensão da "banalidade do mal" arendtiana — o fato de o indivíduo que é um "bom vizinho, um marido gentil e um modelo de indivíduo comunitário" (Bauman, 2001) ou, por que não dizer no Brasil de hoje, um médico exemplar ou um juiz bem-intencionado ser ao mesmo tempo a fonte da violência explícita ou de sua forma mais contemporânea, a violência cibernética. Estamos assistindo, nesta conjuntura, à expressão de elementos de violência social e política a partir desse tipo de indivíduo, o indivíduo comum e bem-intencionado, mas com baixíssimo nível de informação, que acredita estar tomando atitudes para o bem quando atira na caravana do ex-presidente Lula ou quando ofende jornalistas pelas redes sociais. Eventualmente, a partir do novo caldo de cultura criado, um indivíduo, também ele absolutamente normal, toma a justiça nas suas mãos e assassina alguém, como vimos no caso do capoeirista Moa do Katendê, na Bahia.

Neste capítulo, vou traçar alguns paralelos entre a discussão contemporânea sobre a violência e sua forma de manifestação no Brasil desde 2013, com agressões policiais e cibernéticas dependendo da classe social do indivíduo envolvido. Mostrarei um diferencial entre a conjuntura de reversão do pêndulo democrático nos anos 1950 e 1960 e esta, contemporânea, em que a violência se expressa de forma cotidiana a partir do homem comum.

O homem cordial na sociedade da violência estrutural

Na discussão sobre as formas de violência, o Brasil tem uma posição singular. Enquanto já se falava em impessoalização da violência na Europa, o Brasil ainda tinha um Estado fortemente marcado pela escravidão, instituição cuja característica principal no país foi a privatização e a pessoalização das formas de coerção em relação ao escravo. Ao longo do processo de formação nacional, o Estado brasileiro delegou essa coerção ao poder privado local, fazendo com que as estruturas de que Schmitt e Arendt falam, de uma violência estatalmente sancionada, tivessem uma inserção tardia no país. Nesse sentido, o país conheceu a coerção da violência privada quase sem limites nos seus primeiros quatrocentos anos e também os limites de uma autocontenção pós-abolição pautada pela possibilidade de continuidade da coerção econômica e política em quase todo o país. Ainda assim, a autointerpretação que a sociologia e a política fizeram do país chama a atenção para outro fenômeno presente no processo de formação da sociedade brasileira — a forte pessoalização das relações sociais, mesmo quando inseridas em processos de desigualdade e coerção. Foi esse processo que gerou a análise do homem cordial em Sérgio Buarque de Holanda.

A relação do conceito com os elementos de uma sociedade rural e patriarcal, como apontado no capítulo 1, é um interessante ponto de partida para compreender as imbricações entre cordialidade e violência. De um lado, não pode haver dúvida de que o meio rural foi o local do exercício de uma violência desmedida em relação à população negra aqui trazida à força. A ideia de uma escravidão benevolente, que está presente em Gilberto Freyre, mas não em Sérgio Buarque de Holanda, não se sustenta nos dados que conhecemos sobre o processo de escravização. A expectativa de vida dos escravos brasileiros era baixíssima, em torno de dezenove anos para os nascidos no país, dado bastante impressionante ainda que a expectativa de vida no Brasil colonial e imperial fosse baixa em geral — em torno de trinta anos para os homens e ainda menor para as mulheres. Uma série de evidências da historiografia aponta nessa direção em diversas áreas de Minas Gerais e da Bahia, regiões com amplas parcelas do seu território controladas privadamente.[3]

A princípio seria possível sustentar que a ideia do homem cordial se assenta nessas instituições escravocratas e não ao largo delas, isto é, o homem cordial seria o lado paralelo das instituições rurais do Brasil escravocrata e imperial que cria problemas para a construção democrática no país. Assim, discordamos de Sérgio Buarque de Holanda em especial no seu otimismo em relação à democracia no Brasil, expresso em 1948, que parece pouco fundamentado. Trata-se de um otimismo que pode ser matizado a partir das sete décadas de enormes dificuldades para a construção da democracia no Brasil. Matizar essa colocação significa pensar que essas mesmas estruturas não hierárquicas, articuladas ao longo de tanto tempo em um campo não institucional e parademocrático, criaram as enormes dificuldades para a construção democrática que temos enfrentado. Além disso, parece evidente que, ao desprezar os elementos racionais do Estado moderno, Sérgio Buarque de Holanda aponte para uma ambiguidade que continuaria a existir ao longo dessas décadas — uma estrutura completamente frágil de direitos civis e de formas de contenção da violência, a qual, se pensarmos em prisões e Poder Judiciário, ou na própria organização da polícia, não vai se modificar de forma significativa entre 1946 e 1988, com fortes

---

3 Ver, entre outros, *O minotauro imperial*, de Fernando Uricoechea.

ambiguidades nesse campo, mesmo recentemente. Não por acaso, elas voltariam a se manifestar no período da crise 2013-8.

Deste modo, podemos reconhecer o diagnóstico do autor de *Raízes do Brasil* como mais do que otimista ao não ter conseguido abordar dois elementos fundamentais da construção democrática brasileira. O primeiro deles é o papel de uma estrutura liberal de direitos. Na crítica de Buarque de Holanda, a reação aos elementos de uma hierarquia burocrático-racional acaba criando uma estrutura de sociabilidade afim à construção democrática. O problema que discutiremos a seguir é que a democracia precisa de certos tipos de sociabilidade, como a sociabilidade igualitária decorrente de algumas tradições religiosas ou a sociabilidade igualitária que vem da *accountability* de certas instituições.

É essa sociabilidade que escora uma estrutura de instituições e direitos que fazem parte do próprio Estado moderno. No entanto, por mais que o elemento de intimidade mencionado por Sérgio Buarque de Holanda tenha contribuído para o estabelecimento de momentos democráticos, ele parece ter ajudado pouco nos momentos não democráticos ou contrademocráticos. Assim, se entendemos que a democracia no Brasil contém um elemento pendular, é importante mostrar que as formas de pessoalidade auxiliam nos momentos democráticos, mas parecem não ter conseguido incidir sobre a democratização da polícia e do Judiciário, seja nos momentos democráticos, seja nos de regressão democrática, como o que vivemos desde 2014.

Em segundo lugar, Sérgio Buarque de Holanda tende a subestimar o papel de um sistema de hierarquia e segmentação que dificulta a geração da igualdade e que se transferiu do campo para a cidade. Os lugares identificados com a existência de privilégios tornaram-se palco de enfrentamentos simbólicos em torno de uma igualdade fortemente marcada pelo consumo. Assim, os aeroportos e os shopping centers viram territórios de disputa tardia de uma igualdade civil incompleta porque se assume que eles já estão hierarquizados. No momento em que novos atores excluídos começam a adentrar esses espaços, eles passam a estar sujeitos às mesmas estruturas de exclusão que operavam no cordial mundo rural buarquiano. Temos, portanto, dois elementos que conjugados explicarão parte da violência institucional e da violência simbólica no país.

Religião e dissolução do padrão cordial: Uma análise da crise do catolicismo como religião pública

No processo de formação do Brasil, o Estado contou com um sócio fundamental: a Igreja católica. O catolicismo que se formou no Brasil foi de um tipo muito diferente daquele implantado na América Hispânica e com um papel diverso da religião na formação dos Estados Unidos, objeto de importantes análises por Robert Bellah. No caso brasileiro, o catolicismo foi ao mesmo tempo monopolista e tolerante, ou tolerante porque monopolista. Praticamente, a única barreira para aportar no Brasil, até o fim do Império, era a barreira religiosa: "[...] do que se fazia questão era da saúde religiosa: a sífilis, a bouba, a bexiga e a lepra eram trazidas pelos europeus e negros de várias procedências" (Gruman, 2005, p. 85). De todas as formas, para o que nos interessa aqui, o importante é que a posição religiosa monopolista associada à aversão ao formalismo leva ao que podemos chamar de "flexibilização do rito". Assim, a religião católica no Brasil jamais representou uma ética de vida, mas sim uma comunhão coletiva através do rito que criava um padrão de inclusão e exclusão. Tal dinâmica associa, no processo de formação brasileira, o homem cordial ao catolicismo, no sentido de que o catolicismo é a religião que pode relativizar no campo simbólico os rituais que o homem cordial já havia relativizado no campo institucional.

O catolicismo que foi surgindo no Brasil durante o processo de formação do país teve duas características principais: a fraca institucionalização e uma religiosidade popular autônoma. A fraca institucionalização do catolicismo no Brasil seguiu uma lógica de fraca institucionalização de todas as formas estatais até então. O Estado foi inexistente nos primeiros duzentos anos de colonização e, a partir do ciclo do ouro, passou a existir seletivamente em alguns lugares, como Rio de Janeiro e Ouro Preto principalmente. Esse Estado contou com pouquíssimas estruturas administrativas, a maior parte delas fiscais. A Igreja teve um pouco mais de estrutura devido à presença de missionários religiosos muito além dos lugares onde o Estado português havia se implantado, ainda que essa presença de religiosos esteja na raiz do diagnóstico de baixa institucionalização do catolicismo no Brasil, na medida em que a hierarquia da Igreja não se expandiu junto com a religião (Zweig, 1941; Casanova, 1994).

Aí está a origem de outro traço da formação religiosa do Brasil, que é a flexibilidade e a adaptabilidade do catolicismo. Devido tanto à sua posição monopolista ocupada até o fim do século XIX quanto à sua fraca institucionalização, foi possível no processo de formação brasileira a emergência da tolerância religiosa por uma via interna ao catolicismo. Vale a pena desenvolver essa ideia, já que ela está na base do argumento deste capítulo.

Na versão europeia do desenvolvimento da modernidade, segundo autores como Parsons e Habermas, o desenvolvimento da tolerância religiosa é resultado dos fortes conflitos da primeira modernidade. A tolerância religiosa e moral no caso europeu e, em certa medida, no norte-americano, é possível por meio do desenvolvimento de estruturas institucionais e de diretos, em especial a liberdade de crença resultante da paz westphaliana. O processo que transforma o catolicismo de uma cosmovisão ampla em uma religião, e que ocorre tanto no mundo latino (França e Itália) quanto no mundo anglo-saxão, modificou a crença religiosa em uma opção privada garantida constitucionalmente. No entanto, esse processo envolve uma enorme simplificação do próprio argumento do desenvolvimento da modernidade por causa de seu eurocentrismo completo. Não é que ele não se aplique à Ásia. Ele não se aplica nem mesmo a Portugal e à Espanha, portanto não chega a abranger o conjunto da Europa.

No caso brasileiro — uma evidente derivação do caso português com fortes tinturas locais —, a questão não é apenas que Estado e Igreja estiveram associados até a promulgação da Constituição de 1891; o importante é a maneira como eles estiveram associados: um processo de baixa institucionalização permitiu acordos entre o Estado e a hierarquia católica e também possibilitou uma enorme ampliação do catolicismo em nível popular. A consequência desse modelo é a baixa intolerância do catolicismo brasileiro com a religiosidade popular (Neto, 2013).[4] Existiram, claro, as exceções, como foi o caso do padre Cícero no Nordeste ou de Antônio Conselheiro em Canudos. O interessante é que ambos os casos ocorreram exatamente no curto momento da separação entre Igreja e Estado no Brasil durante a República Velha, mostrando que o monopólio virtual da religiosidade foi motivo de tolerância no caso brasileiro, apesar de não ter sido capaz de institucionalizar a tolerância religiosa, como a percebemos hoje em dia no neopentecostalismo e sua intolerância às religiões afro-brasileiras.

---

4 Existiu Inquisição no Brasil, mas a sua abrangência não foi comparável à Inquisição na América Hispânica. Ver Novinski, 1985.

O catolicismo gozou do status de religião oficial e, assim, o seu processo de se tornar religião pública[5] seria diferente do de outros países, como a Espanha e a Itália. No caso brasileiro, não houve um processo de formação de um partido religioso como a Democracia Cristã,[6] que defendesse a natureza pública do catolicismo e realizasse o seu lobby político, porque em princípio coube ao Estado fazer esse papel, como vimos com a reintrodução do ensino religioso nas escolas públicas.[7]

Portanto, o caráter público do catolicismo brasileiro foi, ao longo do século XX ou mesmo antes, informal. Não foi constituída no Brasil uma institucionalidade de conexão entre catolicismo e Estado. O que aconteceu foi um acesso irrestrito de membros da hierarquia católica às posições de poder de 1930 em diante, começando com Getúlio Vargas e suas relações com o cardeal Leme, um dos religiosos mais influentes durante o século XX que patrocinou a construção do Corcovado e reatou as relações, abaladas durante a República Velha, entre Estado e Igreja católica no Brasil. A partir de então, a Igreja teve um acesso irrestrito ao Estado, apesar de uma estrutura constitucional que, em princípio, os separava. Essa separação

---

5 Seguimos José Casanova na conceituação de religiões públicas, que são religiões que já não se contentam com o papel de religiões privadas a elas atribuído pelo Iluminismo e pelo Secularismo, e tentam incidir sobre os debates de valor na esfera pública. No caso do Brasil, o catolicismo assume o papel de religião pública no pós-64, no qual, depois de séculos como religião oficial, procura expressar valores políticos na esfera pública. Ver Casanova, 1994.

6 A democracia cristã é uma doutrina política com pouca inserção na América Latina, com exceção do Chile. No Brasil, ela teve influência por um curto período durante a crise entre 1961 e 1964, quando se destacou a figura de Franco Montoro. Não houve tentativa importante de reintroduzi-la depois de 1968.

7 Trata-se da Ação Direta de Inconstitucionalidade (ADI) 4439 julgada pelo STF em 27 de setembro de 2017, na qual a Procuradoria-Geral da República (PGR) questionava o modelo de ensino religioso nas escolas da rede pública de ensino do país. Por maioria dos votos (6 x 5), os ministros entenderam que o ensino religioso nas escolas públicas brasileiras pode ter natureza confessional.

começaria a viger de fato a partir de 1964 ou, mais especificamente, a partir da Declaração sobre a Liberdade Religiosa (*Dignitatis Humanae*), feita durante o Concílio Vaticano II, de acordo com a qual a Igreja católica reconhece o direito à liberdade religiosa e aceita o princípio da separação entre religião e Estado. O pluralismo religioso torna-se, portanto, parte de toda a modernidade ocidental, em especial dos países fortemente católicos como o Brasil.

O interessante é o impacto desse processo no Brasil, que é muito intenso porque as estruturas que poderiam transformar o catolicismo em religião pública inexistiam. A princípio, isso que em diversos países levou a um novo mix, por assim dizer, entre secularismo e religiões, foi adiante no caso do Brasil, uma vez que, além de conduzir a um forte processo de secularização entre os seguidores tradicionais do catolicismo, levou a uma forte diminuição do status público do catolicismo.

Essa mudança ocorreria em duas fases: na primeira, afastada do Estado, a Igreja católica adquiriu forte presença no seio da sociedade civil da forma que se opôs ao autoritarismo. Nesse caso, ela reafirmou tanto o seu caráter público quanto o seu caráter secular. O caráter público foi formado pelo forte trânsito com a sociedade civil, mesmo tendo ignorado amplos setores populares e de classe média, atraídos pelas chamadas religiões de mercado, para utilizar o termo cunhado por Flávio Pierucci. Em uma segunda fase, o caráter público se expressou pela oposição aberta, religiosa e secular ao autoritarismo. Nenhum ato exprime melhor a nova orientação da Igreja do que o culto ecumênico que se seguiu ao assassinato de Vladimir Herzog enquanto estava preso em São Paulo. Ali, a Igreja católica demonstrou, pela primeira vez, sua concepção de religião pública em uma sociedade multirreligiosa. No entanto, com a redemocratização e a mudança de orientação do Vaticano, a dificuldade do catolicismo em se manter como religião pública se acentuou na mesma medida em que ocorreu o crescimento das denominações neopentecostais. Assim, temos no Brasil um catolicismo que aceita o pluralismo religioso a partir de uma perspectiva não violenta de aceitação dessa pluralidade. Contudo, temos também uma perda de influência desse catolicismo que acaba por desatar novas fontes de conflito religioso no país, com fortes consequências políticas e retrocessos em relação a garantias e direitos individuais.

A disputa pelo caráter público-religioso: A emergência do neopentecostalismo

O caráter público do catolicismo brasileiro não sobreviveu a um duplo processo: de um lado, uma secularização marcada por traços muito particulares; de outro, a abertura do assim chamado mercado religioso.

Em relação ao primeiro aspecto, mesmo não tendo ocorrido como na Europa a partir do século XIX, houve, sim, uma secularização do catolicismo no Brasil. Aliás, a sociologia errou feio ao avaliar o processo de secularização europeu como um processo mundial — afinal, ele não abarca o conjunto da Europa, mas apenas a sua porção ocidental. E, principalmente, os Estados Unidos servem para a contestação radical da tese da relação entre modernização e secularização. Ali, não só a modernização não influenciou o funcionamento da religião como as tecnologias modernas, a exemplo da televisão e da internet, foram rapidamente assimiladas pelo campo religioso. O Brasil é um caso intermediário que se assemelha mais ao norte-americano do que ao europeu. A secularização brasileira afeta fortemente o adepto do catolicismo informal, mas, num primeiro momento, não prejudica a influência pública do catolicismo. O indivíduo secular brasileiro, habitante das grandes cidades, adere ao trânsito possível na sociedade brasileira não só entre religiões, mas entre o secular e o religioso. Se ele se afasta do catolicismo, é enquanto praticante de rituais religiosos que, como sabemos, nunca foram o ponto forte do catolicismo brasileiro.

O segundo processo a afetar a religiosidade no país é a emergência das denominações neopentecostais, não por acaso fortes nos Estados Unidos. Como se sabe, essas denominações introduzem no cristianismo a ideia de uma teologia da compensação mundana em oposição ao catolicismo e ao protestantismo clássico, que defendiam a compensação no além ou no futuro (Weber, 1930). Sua teologia, como nos lembra Ricardo Mariano, "encaixou-se como uma luva tanto para a demanda imediatista da resolução ritual de problemas financeiros dos fiéis mais pobres como para a demanda dos que desejavam legitimar o seu modo de vida, fortuna e felicidade" (Mariano, 1996, p. 27).[8] Ou seja, o neopentecostalismo entra no Brasil para ocupar um espaço que o catolicismo, seja como religião pública, seja como religião privada, não é capaz de ocupar: o espaço de construção e justificação de uma ética do sucesso individual e da ascensão social, em especial para a população de baixa renda. No entanto, o que nos interessa para uma discussão sobre tolerância e violência são os dois passos seguintes do neopentecostalismo: a disputa pelo caráter público da religião através da representação parlamentar e a tentativa de demarcação de hábitos e costumes por meio da atualização simbólica da ideia do demônio. Não por acaso, ambas dimensões foram importantes na campanha eleitoral de 2018.

Atualmente é mais do que conhecido o movimento das denominações neopentecostais visando aumentar a sua representação parlamentar. Segundo Gruman, o número de deputados

---

8 Foge dos objetivos deste capítulo discutir as origens teológicas. Ver *Dictionary of Pentecostal and Charismatic Movements*.

federais associados às denominações neopentecostais subiu de oito para 44 entre 1986 e 1994. Logo após as eleições de 2018, a bancada evangélica reuniu 82 deputados e senadores e esperava contar com o apoio de até 150 parlamentares (*Folha de S.Paulo*, 10 out. 2018). Alguns deputados neopentecostais se tornaram campeões de votos, como o bispo Rodrigues e o pastor Marcelo Crivella, que, depois de receber 3,2 milhões como senador, se elegeu prefeito do Rio de Janeiro em 2016. O que é importante notar nesse movimento, que continua em expansão no país, é que o ingresso dos neopentecostais na política mudou o arranjo histórico brasileiro em relação à ideia de religião pública. Apesar de o catolicismo brasileiro insistir em uma concepção tradicional de religião pública por meio da qual o sistema político lida informalmente com os interesses da Igreja católica, essa concepção se torna inviável pela maneira como a questão da demarcação dos valores religiosos e seculares adentra o sistema político. Assim, se na concepção histórica tradicional, que vigorou até o famoso episódio do chute na santa,[9] a questão era um reconhecimento público e informal da tradição católica, a partir daí ocorre uma formalização do papel da religião tanto no âmbito público quanto no privado. A questão da Ação Direta de Inconstitucionalidade em relação ao ensino confessional pode também ser entendida nesse contexto, uma vez que houve pressão política aberta durante a votação da ADI 4439, levando à derrota do relator Luís Roberto Barroso durante a votação. Portanto, nesta década, a questão que surgiu foi uma adaptação do secularismo

---

9 Nesse episódio, o pastor da Igreja Universal do Reino de Deus Sérgio von Helder proferiu insultos à Igreja católica diante de uma imagem de Nossa Senhora Aparecida, em um programa de televisão durante o feriado de 12 de outubro, dedicado à padroeira do Brasil. O interessante é que o episódio geraria uma condenação judicial pelo crime de discriminação religiosa, mostrando a natureza paraestatal do catolicismo brasileiro.

do Estado a uma pauta religiosa valorativa. Nenhum episódio foi mais claro, nesse sentido, do que o amplo envolvimento da Igreja Universal na campanha do deputado Jair Bolsonaro e a pressão posterior para que o ministro da Educação assimilasse essa pauta.

A ideia tradicional de trânsito religioso não conseguiu sobreviver à ascensão do neopentecostalismo porque esta última impossibilitou que se pensasse em instituições formalmente laicas defendendo os interesses da Igreja católica após o fortalecimento dos políticos ligados diretamente a denominações neopentecostais. Assim, não apenas inexiste uma solução informal para a relação entre religião e valores como não se criaram direitos civis fortes por causa da via alternativa de modernização que o Brasil seguiu. É isso que vai explicar o surgimento de um conjunto de propostas políticas sobre temas como a família (o chamado Estatuto da família) e o papel da mulher, entre outros. Mas, ainda pior, é possível identificar um conjunto de grupos que passa a defender a hegemonia do campo valorativo religioso em relação ao secular. É isto o que explica o ataque a exposições artísticas e manifestações de livre expressão: a fragilidade da concepção de pluralismo valorativo no Brasil. Portanto, temos um segundo pilar de um processo de tolerância que se afirma não pela via dos direitos liberais, mas pela via informal que consolidou uma visão de representação política com tolerância e respeito à autonomia do Estado em relação ao religioso.

Com o fechamento da via religiosa paraestatal, abriu-se imediatamente um campo de disputa religioso valorativo em que parte do próprio entendimento neopentecostal sobre as demarcações e a questão da demonização adentraram no campo da política. Como se sabe, os neopentecostais demarcam o sagrado e o profano por meio da ideia de demonização, e, como mostram Gruman e Oro, há uma transferência dessa demarcação para o campo da política e do voto. No que se refere à Igreja Universal do Reino de Deus (Iurd), os autores afirmam: "Para os fiéis iurdianos, votar não constitui apenas um exercício de cidadania [...]. Trata-se de um gesto de exorcismo do demônio que se encontra na política e de sua libertação [...]. O gesto de votar adquire o sentido de um rechaço do 'mal' presente na política e sua substituição pelo 'bem', ou seja, por pessoas convertidas ao Evangelho, por 'verdadeiros cristãos', 'por homens de Deus'" (Oro, 2005, p. 110 apud Gruman, 2005, p. 109).

Não é possível subestimar o papel que a mudança na organização da religiosidade no Brasil teve em relação às estruturas de tolerância. Provavelmente, esse é o elemento que diferencia as experiências de regressão democrática dos anos 1950 e 1960 da experiência atual. No caso da regressão democrática posterior à eleição de 2014, ela se expressa com fortes tonalidades de intolerância na sociedade, por exemplo na comemoração de prisões dos envolvidos no escândalo da Petrobras, nas agressões físicas a membros de minorias e na interdição de exposições e eventos culturais. Todos esses elementos são novos no Brasil, inclusive em relação à experiência autoritária dos anos 1960 e 1970, e provavelmente estão ligados à ruptura de uma concepção de tolerância informal associada ao papel desempenhado pelo catolicismo no país. Na ausência dessas estruturas, temos intolerância associada à ausência das garantias civis oferecidas pelo estado de direito.

Do homem cordial ao ódio religioso-cibernético

A construção democrática no Brasil tem revelado novos problemas decorrentes de uma via informal de estabelecimento da pluralidade política e da tolerância valorativa, a qual funcionou com características muito específicas do processo de formação do país, muito bem descrito por Sérgio Buarque de Holanda em *Raízes do Brasil*. No entanto, o otimismo do autor foi precipitado porque os traços que permitiram o que poderíamos chamar de atalhos em relação à tolerância política e religiosa foram parciais e acabaram anulados pelos processos de modernização política e pluralização religiosa. Porém, a dimensão religiosa não é a única base do problema da fragilização da tolerância — na conjuntura de 2013-8, ele está associado também a uma segunda tendência: a da intolerância nas redes sociais.

A intolerância nas redes sociais é resultado tanto de um processo local quanto de uma tendência internacional. No plano internacional, a internet se converteu em um conjunto de *ghettos* em questões políticas, tendência ligada ao enfrentamento mais radical entre direita e esquerda em diversos países, especialmente nos Estados Unidos após a ascensão do Tea Party — movimento que radicalizou o conflito político no país e estabeleceu diversas formas digitais de ataque ao ex-presidente Obama. Entre as estratégias do Tea Party, apresentou-se a ideia de um ataque digital e televisivo ao presidente, que foi contra-arrestado por forte organização on-line do ex-presidente por meio de uma rede social, o Twitter, no qual ele passou a ter mais de 100 milhões de seguidores. No caso brasileiro, eram poucas as estruturas digitais de mobilização conservadora até junho de 2013, quando, durante as manifestações, o Movimento Brasil Livre (MBL) lançou o seu perfil nas redes sociais. As mobilizações digitais se intensificaram a partir daí, radicalizando uma cultura de intolerância em relação ao pluralismo político e valorativo.

A atuação do MBL nas redes sociais é um marco por dois motivos. Em primeiro lugar, porque ele estabelece uma presença pública para os setores conservadores brasileiros. Desde o início da redemocratização, ocorreu no Brasil uma retirada dos setores conservadores da arena pública, configurando o que foi chamado de direita envergonhada, um processo em que as forças de direita se declararam de centro (Power, 2000). Esse retorno estratégico dos setores conservadores teve dupla perspectiva: do lado político, ele implicou um forte esvaziamento de partidos com agendas conservadoras e alguma identificação com o regime autoritário, como o Partido da Frente Liberal (PFL). De outro lado, houve a sobrevivência de agendas conservadoras rearticuladas a partir de 2013, em especial por movimentos sociais conservadores como o MBL e o Vem Pra Rua.

É importante ressaltar que, em uma estrutura de cordialidade, como descrita por Sérgio Buarque de Holanda, o enfrentamento político radical não poderia ocorrer de forma aberta. A estrutura da família e da amizade se constituía em um anteparo para a intolerância, uma vez que o homem cordial não hostiliza ninguém no interior das estruturas da pessoalidade. Mas, com as redes sociais, o surgimento de uma forma impessoal de hostilização fez ruir essa dimensão tácita da tolerância. É interessante notar que esse ataque se associou a um tipo de enfrentamento aberto em duas áreas adicionais, a religiosa e a judicial. No campo religioso, desde a década passada, atores neopentecostais questionaram a tradição de religiosidade cordial com forte trânsito religioso e a relação entre secularismo e religiosidade. Esse questionamento favoreceu atores neopentecostais com forte visibilidade política. Nos seus mandatos políticos, eles passaram a se utilizar das redes sociais para promover, dentro do Parlamento, agendas de intolerância política antes restritas à internet.

Um elemento faltante nessa equação surgiu em 2017, com a associação entre neopentecostalistas e o MBL para atacar a liberdade de expressão artística, por eles relacionada à questão de gênero. Assim, exposições de arte foram atacadas ou canceladas em Porto Alegre, Belo Horizonte e Campo Grande, entre outras cidades. Nesses casos, presenciamos a radicalização da intolerância, e mais uma vez o que prevaleceu foi o caos jurídico associado à vontade pessoal de policiais e juízes, e não as premissas constitucionais. A mobilização de atores religiosos e do assim chamado liberalismo, em surpreendente união, exerceu forte papel antidireitos na conjuntura. Do lado dos atores religiosos, em especial dos neopentecostais, não há novidade na demarcação do campo político. A novidade é a forte relação, em sentido contrário, entre uma representação parlamentar conservadora e uma representação religiosa conservadora. No entanto, chama a atenção a curta trajetória do liberalismo do MBL, que agora se engaja, tanto nas redes sociais quanto nas ruas, em ataques a preceitos fundamentais da tradição liberal, como é o caso da liberdade de expressão.

Por fim, não temos como deixar de discutir a ação dos atores neopentecostais durante o processo eleitoral de 2018. Aqui, apareceu de forma inédita uma associação entre valores conservadores, ação religiosa e meios digitais ao longo da campanha de Jair Bolsonaro — a rigor, uma campanha privada na medida em que o candidato não tinha tempo no horário eleitoral gratuito e se valeu intensamente do aplicativo de troca de mensagens WhatsApp, uma das formas mais fechadas de comunicação na internet. Foi lá que se associaram religião e notícias falsas (as *fake news*), e por meio desse aplicativo circularam informações sobre o assim chamado "kit gay" — associado ao candidato do Partido dos Trabalhadores, Fernando Haddad —, que Bolsonaro já havia tentado disseminar, de forma não exitosa, em sua entrevista de agosto no *Jornal Nacional.*

Como se sabe, o Ministério da Educação elaborou em 2004 o "Brasil sem Homofobia: programa de combate à violência e à discriminação GLBT e de promoção da cidadania homossexual", sem que o seu material didático — que viria a ser denominado "kit gay" — jamais chegasse a ser implementado. Em sua campanha à presidência, Jair Bolsonaro traria o assunto de volta à cena ao apresentar o livro do autor suíço Philippe Chappuis (Zep), intitulado *Aparelho sexual e cia.*, como parte do material em questão. De acordo com o seu editor e com o Ministério da Educação, a publicação nunca fez parte do programa "Brasil sem Homofobia", mas a informação falsa circulou de forma intensa tanto nas igrejas neopentecostais quanto em grupos de WhatsApp, ajudando a formar opinião contrária ao candidato do Partido dos Trabalhadores.

O episódio reflete a natureza da conjuntura 2013-8, marcada por uma mobilização liberal centrada na questão do tamanho do Estado e do combate à corrupção, que deságua, após o impeachment de Dilma Rousseff, no processo de condenação judicial do ex-presidente Lula e na "desliberalização" do enfrentamento aos governos de esquerda e ao candidato Fernando Haddad. O termo "desliberalização" conota, aqui, a progressiva substituição, entre 2013 e 2018, de uma agenda liberal de direitos por uma agenda não liberal e não libertária, que perpassa todo o campo conservador no Brasil, das igrejas neopentecostais ao MBL e aos partidos que cresceram nas eleições recentes. Destacam-se o Partido Social Liberal (PSL) e o Novo, que se concentram em uma agenda anti-Estado ou de negação da diversidade. Nesse processo, o desrespeito, seja à soberania eleitoral e às dimensões públicas do processo eleitoral, seja à estrutura de direito, aponta para uma inflexão do pêndulo democrático mais forte do que em momentos anteriores porque viola elementos centrais da estrutura de liberdades civis, que perde defensores tradicionais devido à ruptura com os elementos da cordialidade judicial e religiosa.

Movimentos conservadores e
Judiciário: O ataque aos direitos

Ao longo deste capítulo, demonstramos que o Brasil tem uma tradição de tolerância muito baixa, resultante mais de um arranjo político do que da fixação societária e institucional da ideia de tolerância política. Daí a sua frágil consolidação. Houve um momento no pós-1988 em que existiu a sensação de uma nova correlação entre direitos e Poder Judiciário, pois, em decorrência das mudanças no sistema político promovidas pela democratização, tanto o Poder Judiciário quanto o Poder Legislativo convergiram em forte corroboração de uma nova estrutura de direitos. Ainda assim, caberia lembrar amplos bolsões nos quais os direitos não foram ampliados, entre eles o sistema penitenciário, com centenas de milhares de presos não sentenciados, e as favelas e periferias das grandes cidades, em que persiste a atuação sem controle das polícias militares. Apesar disso, houve forte convergência em relação à ampliação de direitos, a começar pela ampla liberdade religiosa, que, diga-se de passagem, tem sofrido ataques nesta conjuntura. As agressões seguem em direção aos direitos civis e às legislações contra a violência doméstica e de legalização da diversidade cultural e de gênero.

Quando olhamos o quadro geral das questões relativas a essa ampliação de direitos, somos obrigados a reconhecer que elas se situam mais na tradição descrita por Sérgio Buarque de Holanda, de tolerância entre elites, do que em uma tradição de reconhecimento e institucionalização de direitos. O motivo pelo qual a tradição dominante é a da tolerância está fortemente ligado, como mostrei antes, a duas instituições: a religião e o Poder Judiciário.

No caso da religião, trata-se de uma tolerância quase apolítica estabelecida pelo catolicismo, que permitiu que o Brasil não passasse por um forte debate valorativo pela radicalização de posições no que diz respeito a essas questões. Se isso foi inicialmente positivo, também deixou aberta a possibilidade de uma forte reversão de direitos.

No caso do Poder Judiciário, ele não foi constituído a partir da defesa de uma esfera de livre-arbítrio e de garantia de direitos civis. A primeira Constituição em que contamos com um mínimo de garantias civis, a de 1891, não sobreviveu aos arroubos autoritários de Floriano Peixoto, que, respondendo a um pedido de habeas corpus formulado por Rui Barbosa, teria proferido a seguinte frase: "Resta saber quem irá dar um habeas corpus posterior aos membros do Supremo Tribunal Federal". Tal formulação é menos importante pelo seu carácter anedótico e mais pela segurança em relação a uma tradição frágil de divisão de poderes e de garantia de direitos individuais. Essa tradição foi reafirmada em diversos episódios pós-1930, em que o Supremo Tribunal Federal cumpriu papéis antidemocráticos com José Linhares e Ranieri Mazzilli e estabeleceu as principais características do Judiciário brasileiro, que são de uma articulação intraelites com a secundarização da tradição de direitos. Com a eleição de Jair Bolsonaro, há uma possibilidade em aberto de reforço de uma tradição garantista, isto é, de uma concepção que estabelece fortes limites à ação do Estado no campo penal e que foi fortemente violada nos últimos anos por juízes progressistas que buscaram uma sintonia do Poder Judiciário com a opinião pública. Essa via, perigosíssima por relativizar as estruturas de direitos, poderá se fortalecer ou se enfraquecer, mas ainda há a possibilidade aberta de que ministros do STF que não foram garantistas até agora passem a sê-lo em um governo Jair Bolsonaro.

Em segundo lugar, o Poder Judiciário não opera pelo princípio unificador, mas por concepções morais particulares de juízes que levam a aplicações particularistas seja do Código

Civil, seja do Código Penal. No caso dos direitos civis, desde a promulgação da Constituição de 1988, a maior parte dos juízes não a aplicou em questões relativas à função social da propriedade, especialmente em relação à propriedade rural, optando pelas normatizações do Código Civil. Não se leva em conta a função social da propriedade na maior parte das decisões e, quando existem ocupações, frequentemente as citações não são individualizadas como exige o Código Civil. Mas é em relação ao Código Penal que se vê a maior parte dos abusos. No que diz respeito à população de baixa renda, o Poder Judiciário extravasa as punições quase sempre decretando prisão preventiva para pequenos delitos. O encarceramento compulsório, via de regra antes da sentença, e o descaso do Poder Judiciário com a sentença rápida formam uma rotina de criminalização dos jovens pobres e negros, que faz com que a ideia de direitos do Código Penal seja subordinada a um tipo ilegal de disciplinamento feito à margem do direito, pelo próprio sistema judicial.[10] Assim, o papel do Poder Judiciário no Brasil pós-1988 foi um misto entre a forte concessão de direitos sociais e um descaso absoluto pelos direitos civis da população de baixa renda. Esse funcionamento do Poder Judiciário se reflete na Justiça Eleitoral, que não foi capaz de coibir nem abusos econômicos nem a disseminação de *fake news* durante o processo eleitoral de 2018.

O último elemento e o mais problemático da conjuntura em relação à questão da tolerância é como as disputas judiciais chegam à internet, por meio da constituição de grupos acríticos de apoio nas redes socais. Assim, juízes e procuradores rasgam diuturnamente a Constituição ao se expressarem politicamente nas

---

10 Digo aqui sistema judicial porque não é possível não atribuir forte responsabilidade ao Ministério Público, que, via de regra, é quem pede a prisão preventiva ou cautelar nesses casos.

redes socais sobre casos que serão julgados por eles. O melhor exemplo é o do coordenador da Operação Lava Jato em Curitiba, Deltan Dallagnol. Todas as violações de direitos de defesa partem diretamente de seu perfil nas redes sociais, um fenômeno que lembra a discussão alemã dos anos 1930, em que o Estado como instituição burocrática era o principal violador de direitos. Frequentemente esses posts são partilhados pelas redes conservadoras, em especial pelo MBL, trazendo a segunda dimensão da discussão arendtiana. É o homem comum no seu ingresso na política que ancora e legitima a intolerância perpetrada pelas instituições estatais. Portanto, o problema das violações de direitos é a busca do apoio midiático a essas violações, o qual viola as regras institucionais e estabelece um campo seletivo de manipulação das informações e da opinião pública, arrogada como instância garantidora em lugar do texto constitucional.

No início de 2018, tivemos novas evidências de descarrilamento em relação aos preceitos do estado de direito no país. Os ataques aos direitos humanos, ou mais especificamente ao direito de ir e vir, se acentuaram com a intervenção federal no Rio de Janeiro e, não por acaso, a primeira vítima foi uma vereadora negra, de esquerda e homossexual. O assassinato de Marielle Franco despertou indignação no país, mas o fato mais relevante em relação ao crime não foi a reação de repúdio, mas, sim, uma parcela da opinião pública apontar algumas ações da própria vítima como uma possível justificativa para o seu assassinato. Alguns sites, como o Ceticismo Político, cujo conteúdo é frequentemente compartilhado pelo Movimento Brasil Livre, defenderam essa posição.[11]

---

11 O site Ceticismo Político tem grande influência na divulgação de notícias falsas que, em geral, atacam atores de esquerda no país. Carlos Afonso, seu fundador, utiliza o pseudônimo Luciano Ayan e é um profissional da área de ciência e tecnologia. Ele produziu o texto que o MBL partilhou quatro horas depois e que alcançou 360 mil compartilhamentos. Ver Cariello e Grillo, 2018.

Diversas questões relevantes aparecem aqui: a primeira é uma consolidação no campo conservador da distinção entre pessoas com direitos e pessoas sem direitos. A tentativa de imputar a Marielle Franco alguma relação com o crime, por meio de fotografias e textos falsos, se insere em uma narrativa importante entre movimentos conservadores de avaliar a vigência de direitos de acordo com as atividades dos beneficiários. Assim, se uma pessoa pobre é assassinada na periferia do Rio de Janeiro, o discurso que aparece é de ligação entre ela e o crime, o que supostamente serviria de justificativa. No entanto, o mais surpreendente é que esse entendimento não é incomum no Poder Judiciário.

Ainda em conexão com a temática dos direitos, aparece a questão de juízes que não apenas violam direitos cotidianamente, mas também se expressam publicamente sobre o tema nas redes sociais. O caso da desembargadora Marília Castro Neves é bastante exemplar ao associar ao caso Marielle um ataque à homossexualidade do ex-deputado federal Jean Wyllys, ambos do Partido Socialismo e Liberdade (PSOL). A manifestação de juízes no Facebook, desde 2016, é bastante significativa e constantemente vai na mesma direção: de antecipar posições jurídicas ou se manifestar a partir de princípios de intolerância da rede, em flagrante conflito com o próprio exercício da atividade. O próprio juiz Sérgio Moro manifestou posições pessoais a seis dias do primeiro turno das eleições de 2018. O interessante é que a instância encarregada de realizar o assim chamado "controle externo" não consegue conter esse tipo de abuso.

Figura 1 — Comentários da desembargadora
Marília Castro Neves no Facebook

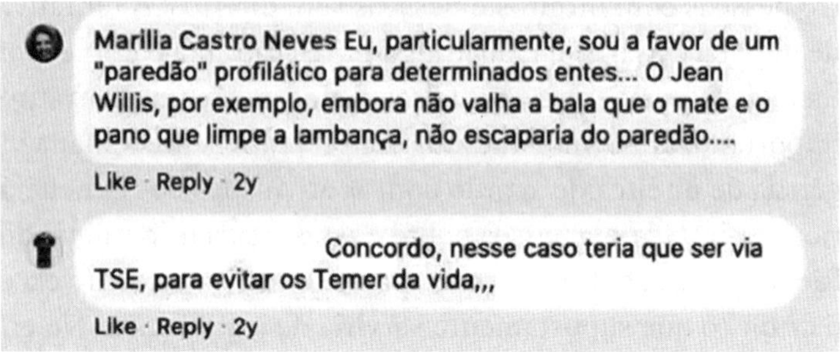

> **Marilia Castro Neves** Eu, particularmente, sou a favor de um "paredão" profilático para determinados entes... O Jean Willis, por exemplo, embora não valha a bala que o mate e o pano que limpe a lambança, não escaparia do paredão....
>
> Like · Reply · 2y
>
> Concordo, nesse caso teria que ser via TSE, para evitar os Temer da vida,,,
>
> Like · Reply · 2y

Fonte: Facebook.

Logo, não é difícil perceber o equívoco do *detour* jurídico em relação à consolidação de direitos no Brasil. A tradição da cordialidade não foi capaz de implantá-los porque ela pressupõe uma tolerância das elites e não uma esfera inegociável de liberdades individuais. No momento em que essa esfera negociável de tolerância se rompe, nenhum dos direitos constitucionalmente assegurados está garantido porque inexiste um Poder Judiciário que se paute pela sua defesa. Tal processo começou em Curitiba com a Lava Jato, se estendeu para o restante do Brasil em varas locais e alcança hoje o próprio direito à liberdade de expressão. Na sexta-feira anterior ao segundo turno das eleições de 2018, operações policiais ordenadas por juízes eleitorais foram realizadas em trinta universidades brasileiras. Mais uma vez, a vontade de juízes se mostrou acima da Constituição, aulas foram interrompidas e a mera expressão de opinião foi criminalizada. Assim, o Brasil chega ao século XXI com uma frágil estrutura de direitos cotidianamente violada por um conjunto de atores — e não quaisquer atores, mas, muitas vezes, justamente aqueles que, em tese, deveriam garantir o próprio sistema de direitos.

Nesta segunda via, assistimos a um emaranhado de ações com critérios diferentes entre si ou completamente distintos daqueles estabelecidos pelo Código Penal, que valem para uns atores, mas não para outros, ou interpretações fortemente à margem da lei. A mais grave dessas operações foi a que pautou no STF um caso particular de habeas corpus, o do ex-presidente Lula, antes de uma ação genérica sobre o tema e que determinou a prisão do ex-presidente. As ações do ministro Edson Fachin de remeter ações ao plenário, ao seu bel-prazer, quando ele autocraticamente está em minoria na segunda turma do STF, são igualmente graves. Como resultado inegável coloca-se a questão da ascensão do Judiciário ao papel de força política com poder de veto sobre o sistema político e com elementos muito fortes de privilégio *interna corporis*. Um embate entre o STF e o futuro presidente Jair Bolsonaro não é improvável, uma vez que, nos dias seguintes ao pleito, a posição garantista parece ter se fortalecido. Mas a trajetória anterior do STF de dois pesos e duas medidas e de relativização das regras do estado de direito pesará nesse embate.

Todos esses elementos sugerem que o Judiciário brasileiro é parte desse itinerário de ascensão do poder das instituições da contrademocracia acima do sistema político. Trata-se de um *detour* jurídico por meio do qual não apenas os membros do Poder Judiciário têm a capacidade de se expressar para além das regras do estado de direito como também de se associar a outros atores que o fazem abertamente. É impossível prever de que maneira essa postura de enfraquecimento do estado de direito vai se coadunar com um ataque muito mais sistemático a ele durante o governo Jair Bolsonaro, mas muito provavelmente será essa postura que determinará quanto o pêndulo democrático retrocederá nos próximos anos no Brasil.

5.
Regressão democrática e o futuro da democracia no Brasil

O período que vai de junho de 2013 até o momento em que este livro está sendo escrito é de regressão democrática. Entendemos a regressão democrática como um processo de diminuição do apoio à democracia por amplas camadas da opinião pública e de estreitamento das práticas associadas a ela. Diversos países passaram por estreitamentos ou regressões democráticas, como os Estados Unidos nos anos 1950 e a Itália nos anos 1970 e 1980, períodos mencionados anteriormente. Ainda assim, a democracia sobreviveu nos dois países. O que diferencia a sobrevivência e o apoio à democracia nos Estados Unidos e na Itália é que a construção da antidemocracia tem sido mais tópica e menos institucional que no Brasil. Portanto, os movimentos pendulares são mais curtos temporalmente.

Em um país como o Brasil, que passou por diversas experiências autoritárias ao longo do século XX, a questão da satisfação com a democracia é vital para a construção de uma nova concepção mais consolidada do sistema. Ao examinar o índice de satisfação com a democracia no Cone Sul, durante o ano de 2006, notamos que a satisfação com a democracia na Argentina e no Uruguai era maior que no Brasil, fenômeno explicado, a princípio, pela maior duração da democracia em cada um desses países até a ruptura ocorrida durante os anos 1970. No Brasil, o apoio sempre frágil à democracia se enfraqueceu ainda mais a partir de 2013. No entanto, o passado democrático ou autoritário não parece explicar completamente o fenômeno.

Uma questão que merece análise porque se conecta com o argumento do pêndulo democrático defendido neste livro é a mudança de direção no que concerne à satisfação com a democracia. Até meados da década passada, a satisfação dos brasileiros com a democracia era ascendente pelos motivos conhecidos, a saber, o país tinha conseguido estabilizar a moeda e diminuir a pobreza e a desigualdade por meio de reformas aprovadas no Congresso. Assim, a melhoria da situação econômica e social esteve associada à prática democrática, isto é, a eleições presidenciais e ao apoio às políticas do governo no Congresso. O gráfico 1, a seguir, expressa bem essa dinâmica. No início do ciclo de expansão das políticas sociais, a satisfação com a democracia estava em 30,3%, experimentando um incremento significativo até 2010, quando atingiu o índice de 44,4% de brasileiros satisfeitos. Em 2018, esse número cairia a menos da metade da marca atingida em 2010.[1]

O primeiro objetivo deste capítulo é analisar os motivos que levaram à queda na satisfação com a democracia a partir de 2010. Vamos analisar dados em relação à ruptura democrática para, em seguida, discutir a maneira como os brasileiros veem as instituições políticas e sociais. Examinarei os dados

---

1 Pesquisa do Instituto Datafolha realizada no fim do primeiro turno das eleições de 2018 mostraria um dado bastante diferente, com mais de 60% dos brasileiros expressando apoio à democracia. Segundo diversos autores, entre eles Warren no livro *In Defense of Public Opinion Polling*, existem momentos nos quais os resultados de pesquisas aparecem contaminados pela conjuntura. A inserção de uma pergunta sobre apoio à democracia em uma pesquisa de intenção de voto eleitoral contamina a resposta porque naquele momento todos os atores políticos acreditam que podem vencer as eleições. Momentos posteriores a eleições tendem a apontar na direção contrária, como mostra o resultado da pesquisa do Instituto Datafolha de dezembro de 2014 com uma quantidade inédita de indivíduos de alta renda expressando dúvidas sobre a democracia. Todas as pesquisas sobre hábitos democráticos realizadas em 2018 tiveram resultados diferentes do Datafolha entre as quais cabe citar o Latino-barômetro.

Gráfico 1 — Satisfação com a democracia entre 2002-18.

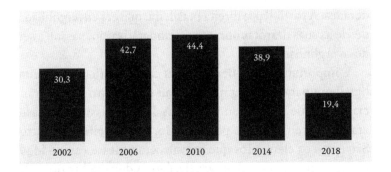

Fonte: Eseb (2002, 2006, 2010, 2014); INCT (2018). Margens de erro: 2002 (2,0); 2006 (3,2); 2010 (2,2); 2014 (2,0); 2018 (2,0). I.C. 95%.

de uma pesquisa realizada pelo Instituto da Democracia e da Democratização da Comunicação, sediado na Universidade Federal de Minas Gerais (UFMG), sobre como os brasileiros veem a democracia, e vou destacar dois fenômenos — a falta de confiança nas instituições e o modo que a elite brasileira se posiciona em relação à democracia. Por fim, na conclusão, tratarei da questão da opinião pública no conflito brasileiro entre direita e esquerda, Estado e mercado.

Junho de 2013 e a rearticulação das forças conservadoras no Brasil

Junho de 2013 foi o ponto de partida para a crise nos valores democráticos que estamos vivendo no Brasil, independentemente de essa crise não ter nenhuma relação com as características e objetivos do principal movimento detonador das manifestações do período, o Movimento Passe Livre (MPL).

O MPL contribuiu para o desencadear da crise com a sua incapacidade de politizá-las devido às fortes limitações de sua liderança. A partir daí, a direita brasileira, que era envergonhada desde as suas derrotas durante a democratização, passou a ser desavergonhada.

É importante entender as novas características da direita brasileira para compreender o grau de conflito e intolerância social que se instalou no país. A direita clássica no Brasil era uma direita agrária, por um lado, e financeira, por outro. São esses os elementos que prevaleceram nesse campo ideológico entre 1964 e a democratização. A derrota histórica da Arena/PDS nas eleições de 1986, em que o PMDB elegeu todos os governadores com exceção do governador de Sergipe, foi um marco no revés da direita brasileira. A partir dali, apenas o PFL ficaria com a tradição de manter uma estrutura conservadora, sem, entretanto, conseguir fazer a sua agenda prevalecer na Assembleia Nacional Constituinte ou no governo Collor.

Desde então, ocorre uma transformação de perfil da direita brasileira, com a criação da assim chamada direita envergonhada, isto é, uma situação na qual as elites políticas evitam o rótulo de direita e muitas vezes assumem um suposto posicionamento à esquerda (Pierucci, 1987, p. 27). Vale notar ainda características adicionais, por exemplo, a saída de atores de direita da cena pública e seu deslocamento para redes não públicas de sociabilidade. Após a democratização, a representação política direta dos setores conservadores diminuiu. O PFL manteve sua base forte no Nordeste, onde elegeu governadores, porém sua importância foi decrescendo ao longo dos anos. Em substituição ao PFL, o partido Democratas (DEM) seria fundado em 28 de março de 2007. Apesar disso, sua influência política tem sido decrescente, elegendo III deputados em 1998, 44 em 2010 e 22 em 2014. No período mencionado, o partido teve uma queda de 79% em sua representação parlamentar.

Gráfico 2 — Evolução das bancadas no Congresso brasileiro

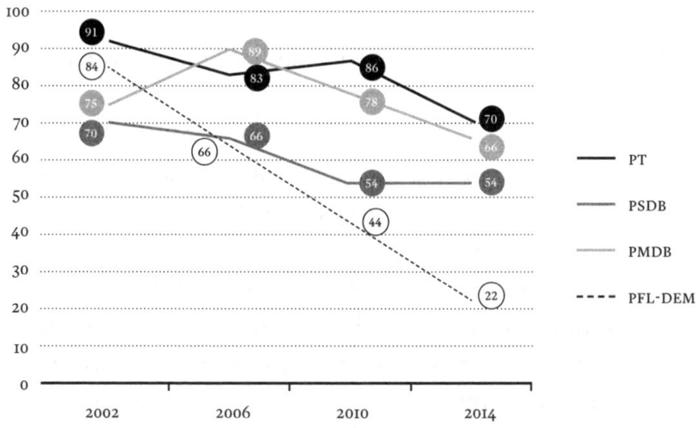

Fonte: Elaboração do autor. Base de dados do TSE.

Junho de 2013 muda a configuração de forças reintegrando a direita à agenda política brasileira e mostrando que a força dos setores conservadores havia sido fortemente subestimada. A direita que reentra na cena pública em 2013 tem algumas características históricas da direita brasileira, mas também se renova em outros elementos. No que diz respeito às características históricas, ressaltamos, em primeiro lugar, a defesa incondicional do privatismo associada à relativização do liberalismo econômico. Portanto, questões como a rejeição aos aumentos de impostos ou a manutenção da estrutura tributária regressiva, que privilegia uma parcela reduzida da população,[2] prevalecem em relação a uma agenda de inovação. Mesmo alguns economistas supostamente liberais, como

2 Ver, a este respeito, o artigo de Marcelo Medeiros (2015). A desigualdade é mais alta do que se imaginava.

Samuel Pessôa,[3] defendem essa estrutura com argumentos insustentáveis como a alta tributação das empresas, confundindo elementos jurídicos há muito separados nas democracias consolidadas. Em segundo lugar, podemos afirmar que a direita acentua sua rejeição às políticas sociais através do Estado ou, quando as defende, trata-se de mera afirmação propagandista sem consequências, como vimos na discussão sobre a Emenda Constitucional nº 95, que criou um teto para gastos da União pelos próximos vinte anos.

A direita brasileira também se renovou em duas questões muito importantes: a capacidade de manter uma agenda pública regressiva nas ruas e nas redes sociais e sua capacidade de argumentar fortemente em relação às questões morais regressivas. Tenho a impressão de que ambas as mudanças estão ligadas ao mesmo fenômeno: as novas bases sociais da direita ligadas ao neopentecostalismo. Já tratei no capítulo anterior de algumas características desse movimento, mas vale a pena chamar a atenção para as suas peculiaridades no Brasil. O neopentecostalismo atinge as camadas mais pobres da população adotando o discurso da ética da prosperidade e, ao mesmo tempo, prega uma moral conservadora baseando-se em uma concepção de demonização (Silva, 2007). Essa é uma via que conduz o neopentecostalismo de um ataque às denominações afro-brasileiras para um ataque às concepções morais ligadas à esquerda

3 Em diversos artigos em sua coluna na *Folha de S.Paulo*, Pessôa argumenta contra os aumentos de impostos. Ele defende uma tese absolutamente ideológica e inconsistente empiricamente de que, se a empresa ou a pessoa jurídica paga muitos impostos, a pessoa física que detém direitos de propriedade não deve ser tributada. É evidente que essa tese é amplamente contrariada não apenas pela estrutura tributária europeia, na qual os impostos da pessoa física não são influenciados por impostos anteriores já pagos pela pessoa jurídica, como também pela norte-americana. Além disso, o argumento de Pessôa explicita a despreocupação com o problema da desigualdade, que tem de ser tratada pelo sistema tributário.

e ao feminismo, um elemento que parece ser decisivo nas eleições de 2018, nas quais o apoio ao candidato eleito cresceu depois das manifestações do movimento #elenão. Esta é uma via bastante específica de construção de uma ética conservadora no campo da sociedade, em que a direita brasileira havia fracassado depois de 1964.

Quando analisamos a regressão democrática no Brasil entre 2013 e 2018, percebemos forte presença da direita entre aqueles que têm pouca confiança nas instituições ou entre aqueles que são favoráveis à ruptura política. Encontramos, no campo da direita, 10% a mais de entrevistados que têm dúvidas quanto à democracia ser preferível a qualquer outro sistema de governo. Também no campo da direita se nota um número significativamente mais elevado de pessoas que acreditam que algumas circunstâncias justificam a ruptura com um regime democrático. Mas, não nos enganemos, os dados para essas questões advindos do campo da esquerda também são significativos.

Temos, portanto, uma primeira explicação para a análise da regressão democrática baseada na nova visibilidade dos atores de direita e na maneira como eles intervêm no Brasil via redes sociais. Tais atores conseguiram, a partir de 2015, atuar de forma a aumentar a desconfiança nas instituições e pôr em xeque todo o sistema democrático cautelosamente construído entre 1988 e 2014. Eles questionaram a eleição de 2014, o sistema de partidos, as principais instituições políticas e, por fim, o Judiciário, até então a única instituição que se destacava por sua avaliação positiva nessa conjuntura. Mesmo em primeiro lugar nas pesquisas para a presidência, em 2018, Jair Bolsonaro também questionou o sistema de apuração via urnas eletrônicas. O resultado dessa ampla deslegitimação institucional é que boa parte dos brasileiros se voltou, durante as eleições, para estruturas privadas de formação de opinião, como templos, igrejas ou grupos familiares de WhatsApp. No entanto, parece exagerado atribuir o desencanto brasileiro com a democracia apenas ao surgimento de uma nova direita. A partir da radicalização dos conflitos entre esquerda e direita na sociedade brasileira, atores de esquerda também passaram a questionar as instituições políticas de modo a termos hoje, no Brasil, uma forte convergência em relação à insatisfação com a democracia. É preciso analisar como esse fenômeno corroeu o apoio à democracia em diversos segmentos da população.

O apoio à ruptura democrática no Brasil

Dois fenômenos se expressam em relação à corrosão do apoio à democracia no Brasil: o aumento do número de pessoas que, quando questionadas, acham que uma ruptura com a democracia seria justificada, e também a disseminação desse apoio por setores da população apontando para a importância da renda nesse processo.

Nota-se, no caso da sociedade brasileira, um apoio crescente à possibilidade de ruptura democrática desde a década passada. O gráfico 3, a seguir, mostra uma nova dimensão dessa questão, que é o apoio dos novos atores de direita, em certas situações, à ruptura democrática. Havendo aumento muito forte da corrupção, a ruptura seria justificada, assim como em conjunturas de muita criminalidade. Não por acaso, as duas se tornaram as principais agendas de Jair Bolsonaro durante a sua campanha em 2018.

Vale a pena elaborar essas duas questões em relação ao marco proposto no livro, que envolve a ideia de elementos não democráticos ou semidemocráticos no interior das instituições políticas desde o pós-guerra. A ideia de que para combater a criminalidade são necessárias atitudes não democráticas é antiga no Brasil, que explica, como demonstrei anteriormente, atitudes não democráticas das elites judiciais. A enorme população marginalizada devido à longa vigência da escravidão e a um modelo excludente de acesso à terra ainda existe. Ao longo da maior parte do século XX, houve uma concentração dessa população marginalizada predominantemente negra nas favelas e uma política de segurança pública que não se pautou minimamente pelos direitos civis. Esses problemas não foram tratados pelo sistema jurídico dentro da legalidade que estava sendo criada na experiência democrática do pós-guerra e continuam sendo ignorados pela experiência democrática gerada pela Constituição de 1988. Assim, a questão atravessa as conjunturas democratizantes de 1945 e 1985, gerando uma cultura pública ambivalente em relação aos direitos humanos. Como foi possível notar durante as eleições de 2018, nas declarações de candidatos como João Doria e Jair Bolsonaro, essa cultura persiste e constitui um dos fenômenos que movem o pêndulo da democracia.

Gráfico 3 — Ruptura com a democracia

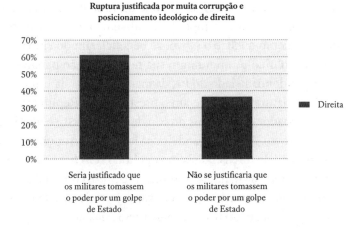

Fonte: INCT (2018).

Entretanto, existe um segundo fenômeno muito mais recente e que também move o pêndulo, que passa por um suposto novo consenso em relação ao combate à corrupção no sistema político. A corrupção é um traço constitutivo não apenas do sistema político brasileiro, mas de formas de transferência do patrimônio público para diferentes segmentos das elites inseridas no Estado. A partir de 2013, há uma nítida concentração em um tipo de corrupção no Brasil, a princípio identificada erroneamente com o governo de esquerda. É nessa interseção que reside esta nova agenda a mover o pêndulo democrático. A crise política começou com um forte movimento jurídico midiático contra o Partido dos Trabalhadores, que implicou tanto condenações jurídicas quanto forte crítica midiática, e acabou não mais restrita à concentração no Partido dos Trabalhadores — que teve uma presidente afastada e um candidato a presidente na primeira posição nas pesquisas impedido de concorrer às eleições —, atingindo o sistema político como um todo. Ao longo do primeiro turno das eleições para presidente em 2018, a punição a membros do sistema político foi muito forte, expressa no fato de tanto o PMDB quanto o PSDB e o PP terem perdido parte significativa de suas bancadas. Ao mesmo tempo, partidos sem nenhuma trajetória anterior, como o PSL e o Novo, se beneficiaram do clima antissistema político. Aumentaram sua representação parlamentar — o PSL é dono, ao lado do PT, da maior bancada da Câmara na atual legislatura — e elegeram o presidente da República (PSL) e o governador dos estados do Rio de Janeiro (PSL) e de Minas Gerais (Novo). Assim, a bandeira da luta anticorrupção mudou a correlação de forças no sistema político sem ficar claro se os beneficiados pela bandeira vão introduzir uma forma diferente de trato com a coisa pública. A julgar pelos primeiros meses de 2019, a resposta é um não rotundo a essa questão.

Como a mudança pendular que levou à forte regressão democrática tratou o problema da corrupção de forma espetacular e com forte apelo midiático, ela conseguiu ao mesmo tempo abordar o problema sem nenhuma contribuição significativa no campo institucional e arruinar a reputação do sistema político junto à opinião pública. Esse foi um dos motivos que levaram a forma tradicional de fazer campanha a entrar em crise nas eleições de 2018. Todas as formas tradicionais, do comício ao horário eleitoral gratuito no rádio e na televisão, acabaram não tendo relevância diante das formas privadas, do espaço de encontro da igreja e do templo aos grupos virtuais do WhatsApp. Se é verdade que os níveis de aprovação do sistema político nunca foram muito altos, também é verdade que, neste momento de regressão, eles nunca estiveram tão baixos, em torno de 8%, colocando seus atores na defensiva e dificultando uma retomada do ciclo democrático.

Vale a pena observar também que a crise e a forma paralegal de combate à corrupção afetaram fortemente instituições contramajoritárias como o Poder Judiciário. Dois motivos explicam como a falta de confiança das instituições políticas migrou para o sistema de Justiça e para instituições religiosas. Em primeiro lugar, o Judiciário, por meio da Operação Lava Jato, assumiu claramente uma postura político-partidária, a qual surgiu na 13ª Vara Federal de Curitiba, mas foi corroborada pelo STF no momento em que o tribunal se eximiu de punir o juiz Sérgio Moro pelas gravações ilegais de Lula e Dilma Rousseff. A liberação dessas gravações, que se tornou o mote do impeachment, foi de fato criticada, mas sem nenhuma sanção, gerando fortes suspeitas de seletividade na operação do Poder Judiciário. A forma que o processo contra o ex-presidente Lula seria conduzido aumentaria as suspeitas, agravadas por um indesejável jogo midiático de apresentação de provas e contraprovas, colocando o Poder Judiciário no campo das instituições majoritárias que buscam aprovação de maiorias, em vez de mantê-lo no campo das instituições contramajoritárias que operam a partir de regras próprias. Assim, no fim de um longo processo em que a questão da corrupção foi colocada no centro do espectro político, instituições políticas e Poder Judiciário se viram fortemente deslegitimados, abrindo o caminho para a emergência de um líder forte.

Classe média e ruptura democrática

Uma das questões mais importantes nessa conjuntura reside em entender o papel da classe média no processo que denominamos regressão democrática. Discorri sobre a classe média no capítulo introdutório deste livro ao pôr em questão a ideia de uma aliança estrutural entre classe média e elites. Os dados do *survey* aplicado no mês de março de 2018 confirmam uma posição conservadora da classe média brasileira, que gera motivos para preocupação. Em todas as democracias do mundo, renda e escolaridade são elementos que expressam uma concepção de tolerância em relação à diversidade e de apoio à democracia — e os dados coletados relativos ao apoio à ruptura democrática se diferenciam claramente no que concerne à renda e à escolaridade. Em relação ao primeiro item, notamos que a atuação dos setores com alta renda no Brasil contraria o que diz a literatura internacional sobre renda e democracia (Dahl, 1990; Inglehart, 1997). Temos setores na classe média com fortes características rentistas e pouca identificação seja com a democracia, seja com processos de inclusão social.

Quando analisamos os dados gerados pela pesquisa sobre as situações que justificariam uma intervenção militar, percebemos uma evolução da preferência por essa situação quando ocorre um aumento da renda. Assim, entre os que têm renda mensal entre três e cinco salários mínimos, há praticamente um empate entre pessoas a favor ou contra a intervenção militar motivada pela questão da corrupção. Essa porcentagem atinge o seu pico acima de três salários mínimos e mantém um patamar elevado a partir daí, alcançando mais da metade da população. Constata-se que a renda avaliada separadamente não constitui um elemento associado à cultura democrática, dado este fortemente compatível com informações de nossas pesquisas produzidas anteriormente.[4]

É possível atestar uma diferenciação no que diz respeito à renda e à escolaridade. Se encontramos a evolução de um padrão favorável à ruptura democrática quanto mais alta for a renda, encontramos um padrão diferente no que se refere à escolaridade. Há patamares favoráveis e desfavoráveis à ruptura relativamente próximos enquanto a escolaridade se situa no nível médio, mas, quando entramos no campo da educação superior, deparamos com uma rejeição mais forte às ações de ruptura com a democracia, mesmo em caso de alta incidência da corrupção. O ponto mais significativo é o da inversão de posição entre apoio e contrariedade à ruptura democrática, que se situa no patamar de entrada no ensino superior. O gráfico 3 sugere uma nova discussão sobre classe média e ruptura democrática ao levar a pensar nas diferentes combinações possíveis entre renda e escolaridade ou entre capital econômico e capital cultural.

Essas questões nos conduzem mais uma vez à discussão sobre a classe média e o uso que ela faz de dois tipos diferentes de capital, o econômico e o cultural. Ambas as categorias nos remetem ao marxismo[5] e à obra mais recente de Pierre

---

4 Ao perguntarmos em pesquisas em 2000, 2004 e 2010 sobre a propensão para a participação em instituições como orçamento participativo e conferências nacionais, o dado que se destacou foi o da escolaridade. Ver Avritzer, 2013.
5 A ideia de classe média não está presente no pensamento de Marx, uma vez que o autor derivou a ideia de classes da estrutura produtiva. Na Inglaterra do pós-guerra, a partir de novos dados de comportamento gerados pelos *census bureau*, os cientistas sociais começam a falar de uma estrutura ligada não à produção, mas às formas de comportamento que, neste caso, coincidem com a análise de Bourdieu.

Bourdieu, em especial o seu longo artigo "Formas do capital". Esse autor diferencia o que seria o capital econômico, cuja estrutura está ligada à capacidade financeira e às formas de expressão institucional da propriedade. Entre as outras formas, Bourdieu propõe a análise do que ele denomina de capital cultural, que é tanto incorporado em bens culturais como reapropriado e transmitido entre os diversos grupos sociais. A classe média se diferenciaria de setores da elite em virtude de um atributo em particular — ela não é detentora de capital econômico em larga escala e, nesse sentido, sua reprodução é mais difícil e passa por instituições culturais. No entanto, a questão central envolvida nas instituições culturais consiste em uma contradição relativa entre capital econômico e cultura, que abre espaço para um pensamento crítico em relação aos interesses da elite.

Trata-se do ponto principal da crítica que se pode fazer à concepção lançada por Jessé Souza sobre classe média e democracia no Brasil. Para Souza, existe, como mostrei no capítulo introdutório, uma relação estrutural entre a classe média e a contrademocracia. Neste capítulo, assim como em diversas outras passagens do livro, tento questionar esse argumento e substituí-lo por outro, a saber, a existência de um alinhamento conjuntural entre classes médias, elites e a contrademocracia, alinhamento esse que difere da correlação de forças em outros momentos da nossa democratização, como em 1985, em 1992 e em 2002. Em todos esses momentos, eleitorais ou não eleitorais, foi possível construir uma coalizão progressista com forte apoio da classe média. Portanto, o problema da relação entre classe média e o pêndulo democrático tem de ser pensado na facilidade com que a classe média muda de posição em relação à democracia no Brasil, o que envolve não apenas o atual período, mas também as conjunturas de 1954 e 1964.

Opinião pública, classe média e elites

Uma das questões principais nessa conjuntura é pensar o pêndulo democrático e os seus movimentos a partir de uma das tensões centrais que se estabeleceram em 2014: a tensão entre o voto e a opinião pública. Opinião pública é uma categoria central da modernidade que expressa o fato de um conjunto de pessoas que não ocupam posições de poder estabelecer julgamentos, em outros contextos, sobre aquilo que o governo faz. Ainda mais relevante: indivíduos que discutem a política entre si formam opiniões a partir das informações que eles detêm e trocam.

O processo de formação da opinião pública envolve os assim chamados meios de comunicação, os quais, no século XX, se tornaram eletrônicos e passaram a ser fortemente comerciais, estando entre as principais empresas do capitalismo moderno. A ascensão da televisão mudou a forma como o indivíduo moderno se relaciona com a política e levou alguns autores a defender a ideia do declínio do homem público. No entanto, parece que essa questão é mais complicada do que os pesquisadores da área inicialmente supuseram. Habermas, em especial, mudou fortemente de posição em relação a ela, uma vez que a segunda metade do século XX mostrou a emergência de diversos movimentos sociais e demandas por inclusão presentes na esfera pública. Diversos outros autores observaram a entrada de novos atores na cena pública, como as mulheres, os negros e as minorias sexuais, bem como a mudança ocasionada por esse fenômeno na política moderna. Portanto, temos um duplo fenômeno — de um lado, a decadência de uma esfera pública tradicional, formada por uma opinião pública convencional e sua relação com o Parlamento; e, de outro, a ascensão de novos atores e a mudança no assim chamado caráter elitista da esfera pública ou da opinião pública.[6] Ainda mais recentes são os fenômenos de comunicação como o Facebook e o WhatsApp.

Quando pensamos o caso do Brasil e a presença de uma opinião pública no país, percebemos que não é possível reproduzir as análises europeias e norte-americanas sobre o tema, porque uma das caraterísticas centrais do processo de formação da opinião pública nesses universos supõe que certa centralidade em termos de status socioeconômico, experiência urbana e acesso à educação diferencia partes relevantes do eleitorado e da opinião pública (Reis, 1999). O caso brasileiro é complexo e vale a pena tratá-lo como uma relação entre centralidade política e organização social ou de classe, como sugerem alguns autores. Na verdade, a configuração política que operou entre 1988 e 2014 é de uma relação de composição entre a formação da opinião pública e o voto popular em torno da eleição do ex-presidente Lula em 2002. Ali se percebeu que o voto da classe média ou da opinião pública bem informada foi completamente compatível com níveis de informação e centralidade política.

Assim, a questão que se apresenta é a seguinte: como entender a forte dissociação entre opinião pública e eleitorado que ocorreu a partir de 2014? Vale a pena dialogar aqui com duas interpretações desse fenômeno, propostas por Wanderley Guilherme dos Santos e Fábio Wanderley Reis, os dois principais fundadores da ciência política no Brasil.

Wanderley Guilherme dos Santos oferece uma explicação para a ruptura política que ele chama de "golpe parlamentar", centrada em uma concepção pluralista de democracia.

---

6 É importante diferenciar esfera pública de opinião pública. Esfera pública é o espaço no interior da própria democracia em que as estruturas de exercício de poder são mais frágeis. Já opinião pública é consequência do desenvolvimento das tecnologias que permitem saber a opinião dos indivíduos por meios de pesquisas. Ver Habermas, 1989.

O ponto de partida do autor consiste na retomada de argumentos, lançados ainda nos anos 1990, em que ele foca elementos de uma nova estrutura organizacional no país, relacionando-os com o sistema político democrático (Santos, 1987). Essa análise constitui pano de fundo para pensar a expansão do eleitorado e as formas de inter-relação entre eleitorado e Estado. Segundo o autor,

> em 2010, 200,7 mil organizações e associações privadas ou ONGs que representam interesses e participam da implementação de políticas públicas correspondiam a 52% do total de 556,8 mil organizações sem fins lucrativos [...]. Para registro temporal importante, de todas as mais de 200 mil instituições cadastradas 41% foram criadas entre 2001-2010 [...]. (Santos, 2017, p. 63)

Logo, o ponto de partida do argumento de Santos é um forte movimento de pluralização da representação associativa, o qual se articula com a própria expansão do eleitorado. Para o autor, a expansão do eleitorado junto à urbanização e ao forte comparecimento aos pleitos provocou uma intensificação da concorrência política e um aumento da porosidade entre Estado, eleitorado e representação de interesses, fenômeno que alinhou o Brasil com as principais democracias (Santos, 2017, p. 53). Foi em reação a esse novo padrão de articulação político-eleitoral que se deu o assim chamado "golpe parlamentar", fenômeno causado pelo fato de "democratas convictos se verem indignados com os resultados da prática democrática extensa" (Santos, 2017, p. 152). Portanto, o "golpe parlamentar" é resultado da extensão da democracia e da sua capacidade distributiva e da reação das elites a essa nova configuração.

Cabem dois comentários em relação ao argumento proposto por Wanderley Guilherme dos Santos: o primeiro deles é que o autor está absolutamente correto em chamar a atenção para o processo de aumento da capacidade distributiva do Estado, decorrente da organização da sociedade e de uma estrutura pluralista de representação de interesses. Certamente, essa estrutura tornou mais contenciosa a manutenção dos interesses da elite na política. Mas é importante fazer aqui uma observação complementar que apontamos ao longo do livro: a elite brasileira teve plena capacidade de inserir os seus interesses no interior do sistema político durante o assim chamado governo de esquerda, com exceção de um curto período que chegaria ao fim antes mesmo do impeachment. Afinal, sabemos que, ainda em 2013, o governo Dilma Rousseff voltou a elevar os juros e, a partir de janeiro de 2015, adotou a política preconizada pelo mercado financeiro no ritmo defendido por este último, apesar de advertência de economistas mais próximos da presidente, como Nelson Barbosa.[7] Assim, ainda que houvesse uma pluralização dos grupos de interesse, como Wanderley Guilherme dos Santos demostrou, mantiveram-se também as estruturas de uma inserção direta no Estado que beneficiavam certos grupos da elite, aqueles que haviam de fato retomado, pela pressão extraeleitoral, a capacidade de influenciar a política econômica e as políticas públicas ainda que em menor grau. Essa dimensão do argumento de Santos foi constatada durante o processo eleitoral de 2018 com a ascensão do candidato Fernando Haddad, a partir da interdição da candidatura do ex-presidente Lula, e mostra um elemento de organização de interesses das classes populares que se expressa na política.

---

7 Aqui, existem algumas discussões técnicas, conforme apontei no capítulo 3, mas neste caso apenas constato que a opção pelo ajuste ortodoxo envolveu também uma discussão de *timing* ou temporalidade.

A meu ver, a questão da tensão entre democracia e elites só pode encontrar solução no campo da esfera pública e dos movimentos extraeleitorais. A inflexão que ocorre em 2013 está além de uma solução para o problema da representação de interesses e envolve uma coalizão muito forte na esfera pública contra um governo de esquerda e sua política de inclusão social. Nesse sentido, é preciso ir além do problema da expansão do eleitorado, que estabeleceu uma renovação nas formas de articulação de interesse que poderiam ter sido absorvidas pelo sistema de representação. O fato é que elas não o foram e isso ocorreu de forma bastante específica, ou seja, em decorrência de ampla mobilização na esfera pública com fortes componentes midiáticos que estabeleceu uma disjunção entre eleitorado e esfera pública. Nesse sentido, a questão que se apresenta é por que uma forma de ampliação da representação de interesses que funcionou relativamente bem no período entre as eleições de 1994 e 2014 deixa de funcionar. Para responder a essa questão, é necessário se deslocar de uma teoria das elites para uma visão da esfera pública. E aqui chegamos à interpretação de Fábio Wanderley Reis.

Em um conjunto de artigos escritos entre 2015 e 2018, Reis tenta elaborar esse problema do ponto de vista de uma teoria da disjunção entre eleitorado e opinião pública. Sua análise tem origem em um diagnóstico realizado há algumas décadas com base na obra de Milbrath, segundo a qual haveria uma maneira de entender a participação política por meio do conceito de "centralidade política". A teoria da centralidade política foi elaborada para entender a maior propensão de certos atores políticos a atuar tanto eleitoralmente quanto extraeleitoralmente (Pizzorno, 1970). No Brasil, ela acabou servindo para explicar o ativismo de certos atores políticos durante a democratização. Como observou Reis (1999), se tomássemos o conceito de centralidade, ele explicaria uma maior estruturação ideológica da propensão a votar no MDB durante a democratização, propensão que seria maior em certa classe média do que nos estratos de renda mais baixa da população (Reis, 2009, p. 300). A questão vai reaparecer nas eleições presidenciais vencidas pelo Partido dos Trabalhadores, em que haveria uma composição entre a identificação dos setores bem informados e de classe média com o partido e a dos setores menos favorecidos ou excluídos (ver gráfico 4, abaixo).

Gráfico 4 — Renda familiar mensal de eleitores do PT

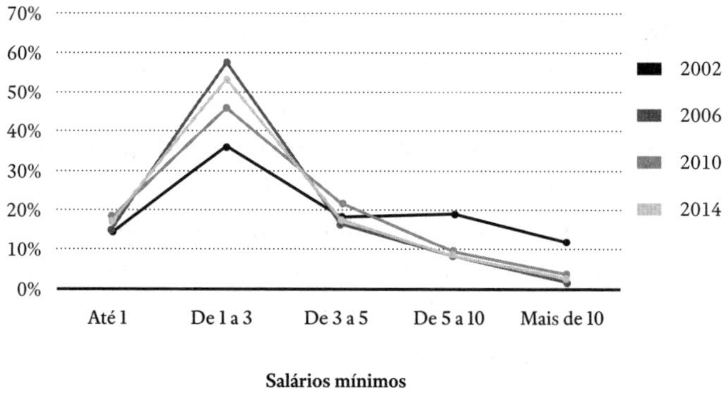

Fonte: INCT, Instituto da Democracia, 2018.

A questão é que essa convergência foi se desfazendo ao longo da década passada, e o problema que então surgirá é de uma disjunção entre eleitorado e classe média transformada posteriormente em separação entre eleitorado e opinião pública. Fábio Reis entende tal separação de duas maneiras. Em primeiro lugar, ele analisa, em diversos artigos, a questão de um enraizamento de massas do PT. Para ele, o significado desse enraizamento seria produzir uma durabilidade na oferta partidária que reduzisse a instável oferta partidária brasileira identificada seguidamente com as diferentes crises (Reis, 2017, p. 15). Porém, há um segundo elemento importante para a continuidade na análise de Reis. Para ele, em junho de 2013 teria voltado a se manifestar um fenômeno expresso em análises anteriores:

> [...] a batalha das forças políticas do país pelo favor da opinião pública se transforma, dada a opinião pública socialmente hegemônica e afinada com os meios de comunicação, algo que se pode descrever com propriedade como envolvendo o enfrentamento entre a opinião pública e o eleitorado ou como a opinião pública contra o eleitorado... (Reis, 2017, p. 19)

Há na investigação do autor um ingrediente de longo prazo que permite entender a gravidade da conjuntura que se expressa não apenas porque a opinião pública se voltou contra o eleitorado, mas sobretudo porque ela criou um processo alternativo e questionável legalmente para remover um presidente eleito. O processo eleitoral de 2018 significou um passo adiante nessa lógica antipolítica. Nele, os segmentos de opinião pública de classe média que já se posicionavam diferentemente do eleitorado passam a se posicionar por meio de redes sociais privadas, ignorando as formas públicas de campanha. Assim, passamos a ter um eleitorado antipolítico, o que explicaria as candidaturas marginais de classe média que se tornaram majoritárias em Minas Gerais e no Rio de Janeiro ao longo do primeiro turno das eleições de 2018.

Há, no entanto, um ponto que precisa ser avaliado na análise de Fábio Reis, que é exatamente esta junção/disjunção que, como mostrado no gráfico 4 (p. 160), é completamente conjuntural. De um lado, os blocos de três a cinco salários mínimos e de mais de cinco salários mínimos expressaram fortemente o seu apoio ao Partidos dos Trabalhadores tanto em 2002 quanto em 2006, contribuindo com mais de 30% dos votos em 2002. Assim, voltamos à nossa crítica à interpretação de Jessé Souza, na qual apontamos que nada de estrutural parece existir no comportamento da classe média brasileira. Em relação ao argumento de Reis, vale a pena ressaltar que houve superposições entre os candidatos de esquerda e a opinião pública no período, de modo que temos que entender o conflito entre opinião pública e eleitorado como conjuntural. Há também uma mudança no modo de a opinião pública consolidar uma posição política à margem do eleitorado, que expressa o efeito das redes sociais sobre ela. Portanto, em vez de a opinião pública se formar a partir de múltiplas fontes de informação, ela agora se estrutura a partir de uma mesma fonte que reforça um posicionamento de classe média em relação à política. Novamente, o aumento da intenção de votos da classe média em Jair Bolsonaro, ao longo do processo eleitoral de 2018, reforça o argumento de uma composição entre a opinião das elites e a opinião da classe média.

O argumento do pêndulo democrático permite associar partes das duas análises no intuito de entender a mudança de posição da classe média e seu impacto sobre a democracia brasileira. De um lado, não é possível examinar a reversão do pêndulo sem pensar o fator eleitoral e organizacional. Parece bastante nítido que a ampliação do eleitorado e a expansão organizacional do país ampliaram as oportunidades de reivindicar novos padrões de proteção social por parte do Estado. Esta não é uma questão contenciosa, pois novos padrões de acesso à renda e à proteção social integram o cenário de todas as democracias consolidadas no mundo. Portanto, permanece a questão sobre as causas da mudança de perfil da opinião pública parcialmente respondida por Reis, mas continua existindo a necessidade de saber o que gerou o perfil da opinião pública, uma vez que no início da década passada havia convergência entre opinião pública e eleitorado.

A resposta que oferecemos é o novo papel das redes sociais, associado a um suposto combate à corrupção do qual a Operação Lava Jato se encarregou. A corrupção tem sido, desde a democratização, uma preocupação dos brasileiros, ainda que ela não tenha sido processada politicamente ou influenciado de forma decisiva o sistema político até o início da década passada.[8] O julgamento da ação penal nº 470, conhecida como Mensalão, assim como as manifestações de junho de 2013 mudaram esse panorama e criaram uma constelação que podemos chamar de nova. Nela, associaram-se, em torno de um suposto combate à corrupção fortemente politizado, um setor do Poder Judiciário e um setor da opinião pública (Avritzer e Marona, 2017). Ainda que esse arranjo não seja majoritário do ponto de vista eleitoral, ele logrou ao longo de um período de pouco mais de quatro anos mudar a direção do pêndulo democrático no que diz respeito a dois dos seus principais fundamentos: a determinação eleitoral da política e a garantia judicial de direitos individuais.

Portanto, o meu argumento é que existem processos que mudam mais fortemente a direção do pêndulo democrático, como a relação entre Judiciário e mídia foi capaz de fazê-lo (ainda que com especificidades que tornam esse processo altamente questionável). Como sabemos, a Operação Lava Jato se tornou completamente politizada a partir do segundo turno das eleições de 2014, transformando uma operação de combate

---

8 Campanhas contra a corrupção fazem parte da história do Brasil, especialmente nos períodos democráticos, mas elas não tiveram, na primeira experiência democrática entre 1946 e 1964, nenhuma consequência legal significativa. A campanha contra Vargas, que o levaria ao suicídio, não gerou nenhuma condenação, a não ser a de Gregório Fortunato, seu segurança, que não foi condenado por corrupção, mas como mandante da tentativa de assassinato de Carlos Lacerda. O mesmo pode ser dito da campanha contra Juscelino Kubitschek depois de 1964.

à corrupção em uma operação de combate ao Partido dos Trabalhadores. Essa afirmação se baseia nas seguintes características da Lava Jato: delações premiadas generosíssimas para todos os empresários do esquema, que transformariam mais de 280 anos em penas de prisão em regime fechado em pouco mais de três anos para todos os seus mentores e executores, e o comportamento seletivo do juiz Moro, que se recusou a seguir pistas que levassem ao PSDB e especialmente ao senador Aécio Neves, alegando falta de foro ao mesmo tempo que não se incomodou de investigar a Nuclebrás e realizar a condenação altamente polêmica de seu diretor.

Mas é no campo da cobertura midiática que vimos as maiores distorções, como o fato de a maior rede televisiva do país não ter distribuído o seu tempo de cobertura noticiosa igualmente pelos partidos que operaram o Petrolão, em especial o PP e o PMDB, gerando uma segunda distorção ainda mais grave no processo político brasileiro. Não por acaso, o Partido Popular (PP), que teve o maior número de deputados envolvidos no escândalo do Petrolão, foi o que obteve o maior crescimento no número de prefeituras, passando a ocupar 494 delas. Assim, a chamada opinião pública tem a sua concepção formada por uma distorção jurídico-midiática do combate à corrupção.

Alcançamos, portanto, uma nova configuração entre opinião pública e eleitorado. Nela, a opinião pública é informada não apenas pela mídia televisiva, mas por uma constelação de atores jurídico-midiáticos que sancionam posicionamentos contra o sistema político. Ao longo do processo eleitoral, redes privadas de WhatsApp assumiram a liderança da coalizão da desinformação política. A maior parte desses posicionamentos é gerada nas redes sociais pelos próprios atores midiáticos, que se distanciam das regras do direito penal e se posicionam abertamente nas redes sociais sobre questões políticas supostamente transformadas em questões legais. Por sua vez, esses posicionamentos são exponenciados nas redes sociais através de uma estrutura de *ghetto* comunicativo, em que as redes sociais desempenham um único papel: o de reforçar preconceitos. Esse é o diferencial da conjuntura que foi capaz de dissociar a conexão que vinha se constituindo, desde o início da década de 1990, entre opinião pública e eleitorado e que, conforme mostrei antes, foi capaz de gerar consensos importantes. Portanto, a vitória do PSDB em 1994 esteve fortemente ligada à aprovação do Plano Real pela opinião pública, assim como a vitória de Lula em 2002 e 2006 esteve diretamente relacionada ao novo consenso em torno das políticas sociais. A "novidade" da conjuntura 2014-8 é um suposto elemento de legalidade adicionado ao ato de reverter resultados eleitorais ou atacar o sistema político. Esse novo elemento que move o pêndulo na direção da regressão democrática está ligado ao mau uso ou mesmo ao erro crasso de arquitetura constitucional que, ao mesmo tempo que aumentou as prerrogativas do Ministério Público e do Judiciário, os deixou sem nenhuma forma de controle externo, desequilibrando a estrutura de divisão de poderes gerada pela Constituição de 1988. A pergunta que fica e que será respondida nas considerações finais deste livro é: o resultado das eleições de 2018 tornou os elementos de ruptura tão fortes que não permitirá uma reversão democrática ou a reversão democrática continua possível?

Conclusão:
A restauração da
institucionalidade democrática

O argumento do pêndulo democrático, desenvolvido nos cinco capítulos anteriores, esteve baseado em três pressupostos. O primeiro deles é que a única maneira de entender a democracia brasileira na *longue durée*, período que vai de 1945 até os dias atuais e envolve duas experiências democráticas, é perceber que o consenso em relação à democracia no Brasil é circunstancial, variável nas diferentes conjunturas. O segundo é que existe uma relação entre elites e certas instituições que favorecem a fácil emergência de elementos antidemocráticos no Brasil. O terceiro é que ainda não ocorreu a institucionalização de um padrão de direitos e de não violência na organização da sociabilidade e do sistema político. Nesse aspecto, o resultado do processo eleitoral de 2018 com a eleição de Jair Bolsonaro para a presidência exige que se faça uma diferenciação entre os elementos antieleitorais e os antidemocráticos. Entre 2016 e 2018, o elemento central do processo de regressão democrática esteve no desempoderamento das instituições eleitorais pelas vias judicial ou pela via do impeachment. Com a ascensão de Bolsonaro, vivemos um processo eleitoral marcado por elementos antidemocráticos, da proscrição da oposição e de movimentos sociais aos fortes enfrentamentos com o Judiciário e ameaças à liberdade de imprensa.

O meu ponto de partida para entender o ano de 2018 é que ele, desde o início, já expressava fortes elementos de degradação institucional (Levitsky e Ziblatt, 2018) inexistentes em

2014. Nesse sentido, a eleição de Jair Bolsonaro para a presidência é consequência das formas de degradação institucional consolidadas na conjuntura pós-impeachment. A facilidade com que o Tribunal Regional Federal da 4ª Região condenou o ex-presidente Lula sem examinar, à luz do direito penal,[1] as principais alegações da defesa constitui um indicador de que — pelo menos no que diz respeito ao novo patamar de intervenção do Poder Judiciário na competição eleitoral — retrocedemos em 2018. Essa análise se torna ainda mais contundente quando pensamos que Sérgio Moro aceitou o cargo de ministro da Justiça a convite do presidente Jair Bolsonaro, apesar de ter sido personagem central na estratégia de interdição do ex-presidente Lula, impedindo pessoalmente sua soltura durante o mês de julho de 2018, ainda que estivesse de férias e fora do país. O fato de Moro ter aceitado uma posição que, não por acaso, é um cargo de confiança da presidência acentua as dúvidas daqueles que já apontavam fortes elementos políticos na Operação Lava Jato. A tendência de eleições tuteladas pelo Judiciário, dentro da tradição do paternalismo judicial e da hipossuficiência dos eleitores, se manifestou com forte seletividade em relação a candidatos dos diferentes partidos, tendência liderada diretamente de Curitiba pelo juiz político. Ter Sérgio Moro no cargo de ministro da Justiça aumentará ainda mais os problemas de confiança em uma instituição que, provavelmente, será atacada de forma intensa pelo presidente eleito.

---

[1] Algumas das alegações da defesa foram descartadas com uma simples sentença sem ao menos enfrentar as questões principais que a defesa apresentou. Ao mesmo tempo, confirmou-se uma concentração de forças contra o sistema político, com um dos desembargadores sugerindo aumento da pena pela distribuição de cargos aos membros da coalizão, o que pode ser equivocado, mas não constitui crime no país.

Outro aspecto importante a respeito de 2018 é o aumento das manifestações de violência política. O atentado à caravana do ex-presidente Lula, em janeiro, recebeu a princípio uma manifestação no mínimo dúbia do então governador de São Paulo, Geraldo Alckmin. É possível afirmar o mesmo em relação ao assassinato da vereadora do PSOL Marielle Franco, no Rio de Janeiro. Também nesse caso, expressou-se um apoio ao assassinato, dessa vez nas redes sociais por membros do sistema político, ou um silêncio ensurdecedor por parte de autoridades como o general chefe da intervenção militar na cidade do Rio de Janeiro. O atentado contra o então candidato Jair Bolsonaro seria mais um indicador da mudança no papel da violência na política. O comentário de seu vice ao atentado — de que se a violência fosse constituir a regra do jogo, então os profissionais da coerção iriam atuar — elevaria o tom da discussão na primeira vez em que membros das Forças Armadas ameaçaram cidadãos ou a oposição desde a democratização. Os assassinatos e atos de coerção física que se seguiram à vitória de Jair Bolsonaro no primeiro turno tensionariam ainda mais a questão. Esses atos foram perpetrados por indivíduos comuns, que julgaram estar seguindo a mensagem da campanha.

Por fim, mas não menos relevante, cabe assinalar as importantes manifestações do mercado contra a democracia e contra o estado de direito nesse mesmo período. As manifestações do mercado têm de ser interpretadas indiretamente, não por meio do que dizem os seus representantes, mas através de movimentos financeiros em momentos cruciais. A Bovespa mostrou fortes variações positivas no dia da condenação do ex-presidente Lula em segunda instância, quando foi negado o seu habeas corpus. Ainda mais impressionante foi a manifestação de membros da comunidade financeira internacional em relação à possibilidade de exame dos recursos impetrados pelo ex-presidente. Temos, portanto, a manifestação de atores sem voto nem cidadania posicionando-se politicamente em relação a um fato, sem nenhuma consideração pelos seus elementos jurídicos. Ao mesmo tempo, tivemos o apoio decisivo do mercado ao candidato Jair Bolsonaro, que foi determinado não por uma visão de estabilidade da relação entre mercado e Estado, mas por um comprometimento de curto prazo com reformas econômicas que provavelmente o candidato eleito terá dificuldade em implementar. Testemunhamos uma conjuntura em que o mercado apoiou a remoção de um presidente, foi contra o pedido de impeachment de outro em relação ao qual existiam provas abundantes de crimes de responsabilidade (como foi o caso da votação sobre Michel Temer) e se posicionou politicamente pela prisão de um candidato que não se mostrou disposto a seguir o programa das assim chamadas "reformas", sem se preocupar com declarações antidemocráticas de outro candidato.

A questão da reversão da tendência de regressão democrática parece se apresentar, na melhor das hipóteses, para o médio prazo, diretamente ligada à agenda eleitoral que o presidente eleito estará disposto a seguir. Ao que se sabe, pelo que ficou explícito durante a campanha eleitoral, trata-se de uma agenda com fortes elementos não democráticos, como a declaração do então candidato de não aceitar a oposição, que teria de ir para fora do país ou para a cadeia, ou a de seu filho Eduardo Bolsonaro, de que não era necessário muito esforço militar para fechar o Supremo Tribunal Federal. Ambas as declarações foram anteriores às eleições, mas a de que a *Folha de S.Paulo*, o principal jornal do país, "se acabou" foi feita no dia seguinte a elas. Cabe notar que as três declarações tocam nos pontos mais nevrálgicos da cultura democrática: a ideia da oposição legal e leal, o conceito de pesos e contrapesos dos poderes, e a liberdade de imprensa.

Uma segunda questão também se destaca: o papel que o sistema judicial desempenhou, nas eleições, no combate à corrupção, outro elemento central da democracia. A corrupção, seja no seu elemento de apropriação privada de bens públicos, seja na sua dimensão de interferência no funcionamento das instituições, precisa ser combatida para que se restabeleça o bom uso da coisa pública ou dos bens públicos. Infelizmente, este não é o sentido que orienta o combate no Brasil. Pelo contrário, especialmente no funcionamento da Operação Lava Jato, o que ocorre é uma associação pouco provável entre o combate à corrupção e a divulgação midiática de resultados feita seletivamente. Ainda no segundo turno da eleição de 2014, isso ocorreu com a chamada de capa da revista *Veja* acusando a ex-presidente Dilma de estar envolvida com a corrupção na Petrobras.

As eleições de 2018 ocorreram em um ambiente de forte influência da Lava Jato e da Procuradoria-Geral da República na campanha. Para citar alguns exemplos: o ex-presidente Lula, líder em todas pesquisas de intenção de voto, encontra-se preso a partir de um processo atípico tanto no que diz respeito às provas quanto no tempo de julgamento, assim como ex-ministros ligados ao PT e ao PMDB, o que implicou a possibilidade de geração de fatos novos visando induzir os resultados. Mas a questão que mais influenciou o desfecho da eleição foi uma percepção errada sobre a relação entre o PT e a corrupção, contexto que permitiria não apenas a criminalização do partido mas também a descriminalização seletiva de políticos próximos a Jair Bolsonaro. A frase que melhor expressou tal postura foi a do juiz Sérgio Moro, nos dias seguintes à sua nomeação para ministro da Justiça, em relação à acusação de que o deputado Onyx Lorenzoni teria recebido dinheiro de caixa dois da empresa JBS. Moro afirmou que o deputado já havia admitido o fato e pedido desculpas. Assim, a Lava Jato, por intermédio de um juiz que tomou parte no processo de impedimento de um candidato, corrobora a ideia de seletividade ao mostrar a centralidade do papel do juiz em vez do papel das regras e das instituições de combate à corrupção. Essa seletividade é capaz de conferir a certos partidos ou atores um papel determinante no processo eleitoral.

Eleição de 2018: Rompendo com os padrões do sistema

O Brasil teve um padrão de disputa política entre 1994 e 2014 que seria rompido em 2018. Esse padrão envolveu uma ampla proliferação de partidos e uma enorme fragmentação partidária associada a uma competição estruturada em grandes coalizões. Ao mesmo tempo que o sistema de representação foi se fragmentando, as eleições presidenciais foram se estruturando em torno de duas alternativas, uma centrada no PSDB, de corte mais liberal, e outra no PT, estruturada em torno da proteção social. Em todas as eleições entre 1994 e 2014, foi essa disputa que calibrou a vontade do eleitorado. Algumas eleições foram amplamente consensuais, com o candidato majoritário vencendo em quase todos os estados. Este foi o caso das eleições de 1994, 1998 (em que apenas Ceará, Rio de Janeiro e Rio Grande do Sul se afastaram da coalizão vencedora) e 2002. A partir de 2006, surge o mapa eleitoral da divisão que estruturaria política e territorialmente as competições seguintes, conforme mostrado a seguir.[2]

---

2 Vale a pena observar pequenas variações no mapa 1. Em 2006, o ex-presidente Lula foi vitorioso no estado de Goiás.

Mapa 1 — Distribuição territorial dos votos na eleição de 2014

Fonte: Observatório das Eleições.

Este mapa se articula com o da estratificação de renda, segundo o qual mais de 60% dos eleitores que ganham até dois salários mínimos concentram os seus votos no Partido dos Trabalhadores, ao passo que mais de 60% dos eleitores que ganham mais de dez salários mínimos dirigem seus votos ao PSDB, o que expressa bem a divisão eleitoral do país nesta década.

A eleição de 2018 implicou uma transformação dessa imagem. De um lado, grande parte dos eleitores adotou uma posição de ódio contra o Partido dos Trabalhadores, em apoio a ações do Poder Judiciário que visavam interditar a candidatura do ex-presidente Lula ou judicializar a de possíveis sucessores.

Do lado dos candidatos, houve uma clara radicalização dos diagnósticos políticos em meados de 2018. No caso da candidatura de Jair Bolsonaro, ela expressa essa radicalização por meio da negação de uma agenda mínima de direitos, que, conforme apontei nos capítulos 1 e 2, parece constituir o elemento mais vulnerável dos momentos pendulares. Assim, Bolsonaro não se posicionou em relação ao assassinato da vereadora Marielle Franco, no Rio de Janeiro, nem ao atentado ao ônibus do ex-presidente Lula, e ironizou a decisão da Corte Interamericana de Direitos Humanos de condenar o Estado brasileiro por simular o suicídio do jornalista Vladimir Herzog. Desse modo, a fragmentação do centro acabou levando a sua subordinação ao antipetismo, que parece ser a nova configuração da disputa política no Brasil em 2018. O sucesso da radicalização da agenda antipetista, associado à forma completamente privada em que a campanha ocorreu via igrejas e redes sociais, aponta para uma forte agenda antiestado e antidiversidade social que, mais uma vez, se beneficiou da agenda seletiva em relação à corrupção.

Quanto ao mercado, acentuaram-se as posições fundamentalistas ao assim chamado ajuste do Estado. Economistas importantes do campo liberal, como Samuel Pessôa e Marcos Lisboa, já vinham afirmando que o pacto da Constituição de 1988 está esgotado. A afirmação é grave em si porque, evidentemente, essa Constituição continua em vigor. Ao mesmo tempo, ela suscita grandes dúvidas em relação à agenda do novo governo. A ida dos candidatos presidenciais à Confederação Nacional da Indústria (CNI) na primeira semana de julho de 2018 renovou a suspeita de uma tensão entre os atores econômicos e a democracia. Candidatos de centro ou de esquerda, como Marina Silva e Ciro Gomes, foram vaiados por rejeitar uma política mais radical de ajuste fiscal, ao passo que Bolsonaro, candidato identificado com a ruptura com a tradição de direitos humanos, foi aplaudido por defender uma política radical de ajuste.

Quando analisamos a concepção que estrutura a escolha de ministros e a extinção de ministérios no novo governo, percebemos uma radicalização do discurso liberal que não aceita as moderações mínimas introduzidas ao longo do século XX no livre funcionamento do mercado. Assim, um ministério que existe nos Estados Unidos e em alguns países da Europa desde os anos 1930, como é o caso do Ministério do Trabalho, deixou de existir no Brasil em 2019 e teve suas atribuições incorporadas pelos Ministérios da Cidadania, da Economia e da Justiça. Exemplo de estruturas da última onda de controle sobre o mercado, o Ministério do Meio Ambiente não foi extinto, mas se tornou um ministério irrelevante ocupado por um ministro condenado por crimes ambientais. Portanto, retornamos a uma ideia de economia de mercado sem limitações, ainda que o problema central que a economia brasileira enfrenta, o da baixa produtividade, não será resolvido por medida que expresse arranjos econômicos da primeira metade do século passado.

Por fim, o projeto conservador acende luzes amarelas da mesma maneira que o fez no pós-guerra, gerando movimentos pendulares. A democracia implica projetos políticos alternativos que disputam o apoio da opinião pública. Conforme argumentei ao longo deste livro, não existe absolutamente nada de errado com essa disputa, e os melhores momentos da democracia brasileira foram aqueles em que a disputa política gerou mudanças institucionais. Entretanto, o que tem ocorrido desde 2013 pertence a uma outra ordem de problemas: trata-se de uma tentativa do mercado de impor estratégias de mudança nas políticas públicas que, quando não são legitimadas eleitoralmente, o são por uma via não pública e não democrática de campanha política. Oferecemos diversos exemplos ao longo do livro: a reversão da política econômica desenvolvimentista por Dilma Rousseff; a medida provisória da extinção das secretarias de direitos; a EC-95 que estabeleceu o teto dos gastos públicos e a proposta da reforma da Previdência. Todos esses elementos têm um ponto em comum: no caso do governo Temer, eles questionam o resultado eleitoral e desdenham até mesmo da opinião pública, uma vez que 71% dos brasileiros se posicionaram contra as reformas (*O Globo*, 1 maio 2017). No caso do governo Bolsonaro, cuja eleição se baseou em discussões de moral e costumes e de segurança pública, essas mudanças virão como surpresa para uma boa parte do eleitorado. O argumento de que o crescimento econômico viria com as reformas não se confirmou durante o governo Temer e parece duvidoso que se confirme com o governo Bolsonaro. Assim, a todos os elementos não majoritários da conjuntura se associa o fato de o mercado não se dispor a uma composição política entre a agenda dele e a agenda eleitoral. A aprovação pelo Senado, poucos dias depois da vitória de Bolsonaro, de um pacote de reajuste do teto salarial mostra a força das corporações de elite e sua resiliência em relação a cortes particularistas na estrutura de gastos do Estado brasileiro.

É possível a volta da onda democratizante?

Responder à pergunta acerca da reversão dos elementos regressivos do pêndulo é inevitável em um livro com este conteúdo e principalmente com a eleição recente de Jair Bolsonaro para a presidência, uma vez que ela explicita os elementos não democráticos da formação política brasileira. Enfrentar essa questão implica apontar elementos de retomada da onda democrática, que só voltará a vigir na política no Brasil se algumas condições que levaram ao seu final forem revertidas.

A primeira delas é evidentemente uma nova convergência em torno de valores democráticos da população e do sistema político. O resultado do momento de regressão democrática foi um forte abalo nas convicções democráticas do cidadão comum. Um processo de veiculação de notícias falsas ou de falsas análises nos templos de diversas religiões pôs em dúvida elementos centrais das políticas públicas, como a do acesso à educação, e ao mesmo tempo questionou pontos fundamentais da democracia, como a estrutura de direitos civis e penais. A restauração de elementos democráticos por meio da organização de novos movimentos ou da recuperação de crenças democráticas no interior de diferentes movimentos da sociedade civil parece ser precondição para qualquer retomada de um novo ciclo de expansão democrática que, ainda assim, precisará implantar mais fortemente a ideia de direitos no seio da população. Nesse sentido, as políticas públicas terão de ser institucionalizadas de modo mais eficaz do que o foram após a Constituição de 1988.

O segundo elemento central de uma reconstrução democrática consiste no respeito incondicional aos resultados eleitorais, seja pelos partidos perdedores, seja pelas instituições de controle, e no respeito aos partidos perdedores pelos vencedores nos pleitos eleitorais. A crise brasileira tem várias facetas e uma delas é a não aceitação pela oposição do resultado das eleições presidenciais de 2014, o que acabou por implodir o próprio sistema partidário, uma vez que o PSDB se qualificaria para ser o partido de referência nas eleições presidenciais de 2018 e não o foi. Outro aspecto desse segundo elemento, ainda mais importante, é que as instituições de controle devem se manter longe do jogo político, sem se credenciar a anular mandatos ou a intervir em processos eleitorais, como tem ocorrido pelo menos desde 2014.

A eleição de 2018 acrescentou um terceiro elemento dramático a essa configuração. Trata-se da postura beligerante do candidato eleito, que declarou, ainda durante a campanha, que os seus opositores, em especial os petistas, deveriam sair do país ou iriam para a prisão.

Todas essas ações provocaram um processo central que poderá levar à morte lenta da democracia no Brasil, com a desinstitucionalização do sistema de divisão de poderes. Reverter essa conduta constitui o elemento mais relevante para a restauração da superioridade dos mandatos em relação às atribuições das corporações judiciais e o respeito à ideia da oposição leal.

A quarta questão é a da vigência das políticas públicas em seu elemento soberano. A democracia não é um sistema abstrato de soberania popular, mas um sistema de decisão sobre políticas públicas em que os indivíduos expressam suas preferências. No caso do Brasil, boa parte das políticas públicas tem origem na Constituição de 1988. Ali estão os princípios estruturantes das políticas de saúde, assistência social e para a criança e o adolescente, que foram implementadas a partir de 1990. Os governos de esquerda apenas ampliaram uma estrutura que já estava em implantação por determinação constitucional. Os elementos de regressão nessas políticas, que se organizam a partir da EC-95 (emenda constitucional do teto de gastos públicos), acabam interferindo em pontos centrais de todas elas, em especial das políticas de saúde e de previdência, responsáveis por uma parcela considerável do PIB. O problema trazido pelo governo Temer e agora assumido pelo governo Bolsonaro é o destino das políticas públicas no país. Temer atuou pelas bordas, diminuindo financiamentos importantes, ao passo que Jair Bolsonaro, sem discutir essa questão sequer uma vez durante o período eleitoral, parte para uma visão radicalmente liberal com propostas de mudanças constantes na posição de ministérios como o do Trabalho e o do Meio Ambiente, algo que nem o trumpismo foi capaz de fazer.

A capacidade de viabilizar uma composição com o mercado, como a que ocorreu entre 1994 e 2014, é fundamental para que se estabeleça uma agenda comum de reformas e para que a disputa econômica se dê na interseção entre a vontade popular e a capacidade de pressão exercida pelo poder econômico, como acontece em todas as democracias. Tudo indica que o governo Bolsonaro vai optar por um fundamentalismo de mercado, do qual se afastará aos poucos. A questão de reconstrução positiva da democracia no Brasil depende de um pacto positivo das forças democráticas com o mercado.

Porém, a questão decisiva em pauta para que o país volte a operar dentro de um conceito de ordem democrática é a volta do princípio da legalidade na relação entre os poderes, em especial entre o Poder Judiciário e o sistema político. À medida que o sistema político foi se autodestruindo na crise impulsionada pela criminalização de suas disputas, o Poder Judiciário foi capaz de assumir diversas funções que cabem exclusivamente ao sistema político. Vale a pena recordar as principais: a suspensão da nomeação de ministros, que é prerrogativa exclusiva do presidente; a suspensão de mandatos parlamentares, inclusive dos presidentes da Câmara e do Senado, vedada pela Constituição; a suspensão e revisão do indulto natalino, prerrogativa exclusiva do presidente; e a interferência nos ritos do Congresso, como na determinação de fazer o projeto sobre abuso de autoridade retornar do Senado para a Câmara, atribuição exclusiva do Poder Legislativo. No primeiro semestre de 2018, a quebra da hierarquia entre os poderes alcançou as estruturas do próprio Poder Judiciário, em que as decisões colegiadas passaram a valer menos do que as decisões conhecidas como monocráticas, de um único juiz. Entre todas as disputas, nenhuma despertou maiores paixões e o afastamento das regras da institucionalidade que o habeas corpus concedido — e depois revogado — ao ex-presidente Lula durante o recesso judiciário. Aprofundando a via do poder dos juízes acima da lei, que se aplicava apenas às suas relações com o sistema político, o Judiciário se envolveu no dia 8 de julho em uma guerra de decisões em que juízes de férias, entre eles Sérgio Moro, passaram a desautorizar a decisão judicial em favor do ex-presidente. No momento em que Moro se torna membro de um governo que ele ajudou a eleger por meio de decisões judiciais supostamente neutras, completou-se o ciclo da desinstitucionalização no caso da democracia brasileira.

Para os próximos anos, ou décadas, vai sobrar a difícil tarefa de reconstruir a estrutura de equilíbrio entre poderes em um país polarizado politicamente. O presidente eleito Jair Bolsonaro dificilmente poderá conduzi-la dada a sua trajetória anterior e a disposição atual de membros de diversas instituições judiciais e policiais de radicalizarem uma conjuntura de enfrentamento político. Colocar-se-á então a questão clássica já apontada por Sérgio Buarque de Holanda, ainda em 1948, a saber: será possível integrar o Poder Judiciário em uma estrutura de poder liberal, uma vez que tangenciou essas estruturas ao longo de todo o período republicano, ou estaremos condenados à subserviência a um poder moderador com relações diretas com a elite econômica e política? Na medida em que a estratégia judicial de afastar o Partido dos Trabalhadores do poder acabou viabilizando uma estratégia de eleição de um presidente de extrema direita, pode-se esperar um novo giro do Poder Judiciário, neste caso em direção ao antibolsonarismo ou às suas propostas mais radicais. Todavia, apenas os incautos deixam de perceber que não é possível estabilizar a democracia com base em um poder judicial colocando-se acima do poder político.

A sobrevivência da democracia e de uma tradição de direitos no Brasil nos próximos anos dependerá de uma articulação mais ampla entre setores do sistema político, do Poder Judiciário e da sociedade civil organizada. Esses setores não poderão ser apenas a manifestação da tradição, mas deverão constituir uma associação entre tradição e renovação que aponte para o indivíduo comum a importância da democracia, da diversidade e dos direitos civis. Assim, diferentemente da resposta dada por Sérgio Buarque de Holanda, que situava o problema da nossa incompatibilidade com a democracia na fraca inserção do liberalismo na nossa formação, a resposta para a configuração atual do velho problema tem de ser dada no campo da institucionalização da soberania democrática e dos direitos. Apenas ela poderá fazer o que a fraca tradição do liberalismo cordial no Brasil não conseguiu: impor limites a um poder ou a uma forma oligárquica de exercício da soberania política que se infiltrou nas instituições democráticas, impedindo-as de representar o desejo de inclusão e de redução das desigualdades no país. Apenas um *aggiornamento* da nossa estrutura política poderá dar continuidade ao enorme desafio de combate à desigualdade e de integração dos excluídos iniciada pela Nova República. É essa a tarefa hercúlea dos democratas brasileiros neste momento.

Posfácio

Jair Bolsonaro chegou à presidência como o terceiro outsider que a direta brasileira coloca no cargo em sessenta anos. A direita chegou ao poder três vezes nesse período: com Jânio Quadros, com Fernando Collor de Mello e agora com Bolsonaro. A ascensão do ex-capitão à presidência parece ser a conclusão lógica da estrutura pendular que apontei antes. Mas o ex-capitão presidente enfrenta, desde a sua posse, um problema: ele montou um movimento público e nas redes sociais de desestabilização das forças políticas democráticas, e não está claro se esse movimento tem a capacidade de governar ou de arbitrar a relação entre os atores responsáveis pela regressão democrática. De um lado, Bolsonaro parece contar com uma forte base construída nas redes sociais, aquilo que alguns denominam de "bolsonarismo de raiz". Mas algo inesperado compromete o seu governo ou a governabilidade: a tensão entre as redes sociais e os três grupos responsáveis pela oscilação do pêndulo: setores do mercado, principalmente do mercado financeiro; o Exército e as Forças Armadas; e os neopentecostais. O campo político bolsonarista, sem arbitrar esse conflito, pretende ainda enfrentar as forças do Poder Judiciário e do Congresso, cuja capacidade de revisão majoritária ou contramajoritária das decisões do presidente eles também questionam.

Analisemos as ações de cada um desses grupos nestes primeiros cem dias de governo e como eles foram parte da produção de uma ingovernabilidade que, surpreendentemente, não parece incomodar Bolsonaro.

O grupo de bases sociais radicalizadas da internet se formou em 2013 e se ampliou em 2015. Em 2013, parecia ter feições fortemente liberais, como era o caso do Movimento Brasil Livre, que surgiu no ano seguinte e dialogava com outros movimentos. Em 2015, já estávamos no interior de uma clara onda de intolerância política na qual grupos de extrema direita assumiam a hegemonia da conjuntura, conforme mostrado no capítulo 4. Em 2016, esses grupos tinham dois canais de expressão principais: as redes sociais ligadas à Operação Lava Jato e a Jair Bolsonaro. As redes sociais bolsonaristas anteciparam significativamente a entrada de quaisquer outros atores políticos nas redes e inovaram ao se estruturarem como uma forma de despolitização do debate público, com contas no Twitter de agregação de apoio. É possível afirmar que esse é um dos elementos da campanha política de Jair Bolsonaro que se manteve nos primeiros cem dias da campanha, com uma diferença: essas redes abalaram a governabilidade. Apresentamos alguns exemplos de tuítes desestabilizadores postados pelo próprio presidente nestes cem primeiros dias de governo: em 23 de janeiro, ele criticou o governo da Venezuela e reconheceu o autoproclamado presidente Guaidó, postura que rompeu com a tradição de não intervenção em assuntos internos de outros países tão cara à diplomacia brasileira; em 5 de março, atacou os blocos de Carnaval e ofendeu a todos os seguidores da festa popular; em 13 de fevereiro (entre outros dias), atacou o Supremo Tribunal Federal, colocando em jogo a estrutura de divisão de poderes; em 10 de março, o alvo foram os principais órgãos de imprensa no Brasil, pondo em risco a estrutura de transparência e crítica inerente às sociedades democráticas; em 19 de abril, ele fez críticas ao Exército, pondo em xeque a sua relação com o setor que era forte desde o início de 2018;

e por fim, em 17 de maio, houve o polêmico tuíte no qual Bolsonaro afirmou que o país era ingovernável e atacou as instituições políticas e o Congresso em particular.

Uma breve análise mostra que há uma relação de tensão entre o bolsonarismo como movimento e como tentativa de implementar uma política de governo. Neste sentido, o bolsonarismo foi muito mais útil à elite descrita no pêndulo democrático no processo de instituir a regressão democrática, o qual assumiu uma feição de quanto pior melhor, do que em um processo de reconstrução de uma agenda conservadora de governo. Todos os tuítes do presidente mostram que se trata de um movimento populista de direita que tem como objetivo atacar as instituições, do Carnaval ao Exército, do Congresso ao STF. O problema é que o bolsonarismo tem, ou pelo menos afirmou ter durante a eleição, um projeto de governo que não se encaixa com um ataque direto a tantas instituições, entre as quais o próprio Exército. Essa questão que seria problemática em si torna-se ainda mais grave por causa de outros elementos de instabilidade política gerados pelo governo Bolsonaro.

O segundo ponto a ser avaliado em relação aos primeiros cem dias do governo diz respeito à política econômica e ao mercado, cujo rompimento com os elementos de pactuação democrática também foram discutidos neste livro. Até 2015, o assim chamado "mercado", que no Brasil tende a ser sinônimo das forças da financeirização global patrocinadas pelos grandes bancos, teve uma trajetória bastante diferente daquela seguida pelas forças do bolsonarismo. O mercado apoiou e negociou com todos os governos de centro e de esquerda entre 1994 e 2010 e teve papel central no ciclo econômico expansivo identificado com o lulismo. Foi no primeiro mandato do governo Dilma Rousseff que mercado e governo de esquerda se enfrentaram pela primeira vez, a partir do pronunciamento da presidente no dia 1º de maio de 2012. A partir daí, o mercado começou a questionar o governo de esquerda, mas acabou exponenciando essa visão por meio de uma crítica a toda a tradição de direitos sociais construída a partir de 1988. Ele adotou uma postura de imposição de reformas a todo custo e, para isso, apoiou o impeachment em 2016, defendeu Michel Temer em 2017 e Jair Bolsonaro no ano seguinte.

O apoio do mercado a Bolsonaro seria faustiano, se ele tivesse alma para vender. Mas, como não é o caso, foi uma transação obscura que, no futuro, será considerada um ato de irracionalidade econômica. Ou seja, o mercado preferiu comprometer aquela categoria que parece ser a mais importante na produção da racionalidade econômica — a previsibilidade — por um acordo de curto prazo avalizado por Paulo Guedes: o assim chamado "posto Ipiranga", aquele que tem e sabe tudo conforme a interpretação do capitão presidente sobre a propaganda televisiva. O problema é que o posto Ipiranga parece ter muito menos atributos do que o seu congênere da propaganda televisa, pois nem sequer ficou sabendo do aumento do preço do diesel nos postos, assim como não passam por ele as principais negociações do governo no Congresso em relação à Previdência, que são todas negociações corporativas.

Portanto, temos um presidente que é ele próprio o produtor de incerteza econômica, devido tanto à sua concepção de economia quanto à sua concepção de política e à maneira impulsiva como ele toma decisões econômicas que vetam atores e acenam de forma populista à sua base de classe média baixa. Os resultados produzem uma patinação econômica que deve continuar mesmo com a aprovação da reforma da Previdência. A questão no que concerne à economia será observar os próximos movimentos do mercado, que pode tanto se isolar em uma agenda de pressão sobre o governo quanto voltar à atitude centrista que adotou até maio de 2012. Na nova atitude do mercado em relação ao governo e ao sistema político se assentam as perspectivas de continuidade da regressão democrática ou de uma nova composição centrista capaz de juntar os cacos do período 2014-8.

Há, na conjuntura, uma significativa centralidade: a relação entre os militares e o governo. É possível afirmar que os militares brasileiros se saíram relativamente bem ao fim do regime autoritário do qual foram protagonistas. Em 1985, eles conseguiram se retirar da cena política sem grandes desgastes. Durante a Assembleia Constituinte, mantiveram prerrogativas de intervenção na ordem pública conforme mostrado antes, e durante a década de 1990 constata-se um aumento da confiança da população nos militares. A partir do fim daquela década, os militares, junto aos membros das igrejas, já estavam entre os setores nos quais a população tinha maior confiança.

Duas foram as estratégias empregadas pelos militares para recuperar sua legitimidade: não aceitar nenhum processo de punição pela sua atuação durante o período autoritário e se manter fora dos conflitos políticos gerados pela ordem democrática. É possível afirmar que as duas foram exitosas. Não houve punição às violações dos direitos humanos e os militares tiveram apenas agendas corporativas nos governos Fernando Henrique Cardoso e Lula. A partir do segundo governo Dilma Rousseff, os militares começaram a voltar à cena política expressando-se abertamente em relação a temas polêmicos na conjuntura. Esses posicionamentos assumem o seu clímax com a intervenção militar na segurança pública no Rio de Janeiro e com o tuíte ameaçador do comandante do Exército na véspera do julgamento do pedido de habeas corpus do ex-presidente Lula no Supremo Tribunal Federal.

Com a vitória de Jair Bolsonaro, os militares passaram a ocupar um espaço quase inédito na política. Bolsonaro indicou nove ministros militares e mais de 110 oficiais para altos cargos no governo. A volta dos militares a cargos de alto escalão em áreas como educação, meio ambiente, ciência e tecnologia, além de secretarias-chave, como a de governo, apresenta o terceiro paradoxo do governo Bolsonaro: como legitimar as disputas nas quais os militares participam sem que elas se transformem em uma medição de força baseada na capacidade de coerção? O Exército e as Forças Armadas são, por definição, instituições que têm de utilizar a ameaça da coerção como horizonte para conquistar a obediência. Não foi outro o papel das Forças Armadas neste último ano ao ameaçar o Supremo Tribunal Federal. No entanto, o que surpreendeu nestes primeiros cem dias de governo é que a maior parte dos conflitos em que os militares se envolveram não foi com o Congresso nem com a oposição, mas com outros setores do bolsonarismo.

A disputa entre militares e o núcleo bolsonarista ideológico é a principal novidade dos primeiros dias deste governo e começou como uma tentativa do vice-presidente de mover o presidente para o centro do espectro político, relativizando afirmações ideológicas sobre a Venezuela, sobre as políticas públicas, ou lamentando a saída de Jean Wyllys, ex-deputado federal pelo PSOL, do país. A reação do núcleo bolsonarista ideológico foi bastante diferente da que se esperava e começou por um ataque ao vice por meio das redes sociais, o qual se acentuou à medida que ascendia na hierarquia e na capacidade de liderança entre os militares, tendo atingido primeiro o chefe da Secretaria de Governo, o general Santos Cruz, e por fim o ex-comandante do Exército e principal voz da instituição, o general Villas Bôas. Terceiro pilar do governo Bolsonaro, as Forças Armadas estão em uma situação difícil porque, formal ou informalmente, aparecem como avalistas do governo, e a sua balbúrdia interna parece desgastá-las. O bolsonarismo, ao desencadear uma forma de coerção sobre as Forças Armadas por meio das redes sociais, põe no limite a tensão que ele expressa entre movimento e capacidade de governar. Ou ele consegue resolver essa tensão, ou dificilmente terá apoio dos militares nos conflitos em que o presidente se envolve.

Também merece uma análise a pouca visibilidade dos neopentecostais depois da eleição. Durante a crise de 2016 e as eleições do ano passado, o núcleo neopentecostal adquiriu forte visibilidade. A polêmica mais aguda do período eleitoral foi a que envolveu o assim chamado "kit gay", no qual atores neopentecostais tiveram papel central, assim como o tiveram durante os debates do impeachment. No entanto, já na estruturação do governo Jair Bolsonaro, essa influência pareceu declinar. O grupo neopentecostal não foi contemplado com nenhum ministério relevante e se limita ao Ministério da Mulher, da Família e dos Direitos Humanos, em que a ministra Damares faz pronunciamentos simbólicos que não se transformam em políticas. Tudo indica que esse grupo mantém no início do governo Jair Bolsonaro a mesma política que o tornou forte anteriormente, que é a sua autolimitação a uma política setorial. No entanto, a fragilidade desse grupo parece dar menos tração ao próprio presidente, e sua agenda moral passou a se concentrar em uma disputa política nas universidades.

Por fim, não é possível analisar a movimentação do pêndulo democrático sem uma análise detalhada do Poder Judiciário. Conforme argumentei em diversos capítulos deste livro, o Poder Judiciário assumiu um protagonismo no processo de reversão do pêndulo democrático ao permitir que a Operação Lava Jato rompesse com elementos garantistas do estado de direito e politizasse o Poder Judiciário. A nomeação do ex-juiz Sérgio Moro como ministro da Justiça representou a consolidação desses elementos pendulares não apenas pela corroboração da ideia ainda contenciosa da politização do Judiciário, mas também pelas suas atitudes iniciais. Ainda no mês de fevereiro, o antigo titular da Justiça Federal de Curitiba propôs um pacote anticrime formado por três projetos de lei: PL 881/2019, PL 882/2019 e PLP 38/2019. O pacote tem a mesma concepção de direito penal que a Operação Lava Jato, isto é, sob o pano de fundo da necessidade de aprimorar o combate à corrupção, ele investe contra a estrutura de garantias individuais. Os principais pontos do pacote de Sérgio Moro alteram o artigo 25 do Código Penal que trata da legítima defesa. Seu objetivo é enquadrar como legítima defesa as atividades em que o policial atira primeiro no suspeito de estar cometendo um crime, alegando reação diante de uma situação de medo. Neste caso, o Estado deixa de ser garantidor do direito à vida, absorvendo o ônus decorrente de tal concepção normativa, e se torna uma instituição coercitiva não responsabilizável pelos seus erros. A diferença entre Exército — uma instituição baseada na capacidade de coerção — e polícia — uma instituição encarregada de manter a ordem pública, de acordo com os princípios próprios ao estado de direito — deixa de existir. Conforme explicitado no capítulo 4, o tangenciamento de uma tradição liberal que coloca o direito à vida e as garantias individuais em primeiro lugar constitui um dos elementos-chave da mudança de direção do pêndulo democrático. A atuação de Sérgio Moro no Ministério da Justiça parece ter como objetivo atacar os elementos liberais da tradição jurídica brasileira e consolida uma mudança de direção no pêndulo democrático.

Por outro lado, foi possível perceber durante os primeiros meses de 2019 uma mudança de postura do STF. Sua contribuição na mudança do pêndulo foi intervir em situações de conflito que não envolviam questões constitucionais, criando uma espécie de supremacia institucional do Poder Judiciário, e chancelar decisões antigarantistas das cortes inferiores, em especial da 13ª Vara Federal de Curitiba, com conteúdo nitidamente político. O auge dessa política foi a mudança no cumprimento de pena, o assim chamado "transitado em julgado", no qual o próprio STF se propôs a revisar a Constituição de 1988, uma atribuição que ele não tem. A posse de Jair Bolsonaro no dia 1º de janeiro trouxe novos desafios para o STF, sendo o principal deles voltar a ser um tribunal constitucional em uma situação de forte desinstitucionalização e politização do Judiciário. No entanto, o STF parece estar sendo atacado pelas mesmas forças que o pressionaram anteriormente em relação ao antigarantismo ou à corroboração acrítica das decisões da Operação Lava Jato, porém com uma diferença: estas mesmas forças advogam a concessão de uma carta em branco ao presidente ou uma domesticação da essência contramajoritária da corte. Ou seja, haveria continuidade na politização do sistema de Justiça no que diz respeito aos processos do ex-presidente Lula, mas não existiria a judicialização de atos do presidente, do seu entorno familiar e do seu governo. Ao longo dos primeiros meses do governo Bolsonaro, o STF impingiu importantes derrotas à Operação Lava Jato, entre elas: reconheceu a natureza eleitoral de alguns dos delitos criminalizados pela Lava Jato; anulou prisões preventivas sem justificação de urgência, como vinha acontecendo desde 2015; e, por fim, alguns dos elementos sem nenhuma sustentação legal da condenação do ex-presidente Lula foram anulados pelo Superior Tribunal de Justiça (STJ), provavelmente a partir de negociações com ministros do STF. Assim, o STF, acompanhado pelo STJ, tenta retomar um movimento de garantia das regras do estado de direito, mas esse movimento não é aceito por aqueles atores que conseguiram pressionar o STF e o Judiciário como um todo na direção da seletividade judicial. Nas primeiras semanas de abril de 2019, as redes sociais com forte influência bolsonarista iniciaram um ataque ao STF focado em alguns de seus membros. A reação do presidente da corte foi no sentido de uma defesa da instituição que ultrapassava os limites constitucionais ao abrir processos e ordenar a retirada de matérias de alguns sites. Aqui se encontram expressos os limites da conjuntura: de um lado, não existe normalização democrática, se o Judiciário não adotar uma postura mais neutra em relação às disputas políticas e voltar a ser o garantidor do texto constitucional; por outro lado, o forte processo de desinstitucionalização da legitimidade democrática transferiu, para as ruas e as redes sociais, uma legitimidade capaz de pressionar as instituições ou jogá-las umas contra as outras. Nas últimas semanas de maio de 2019, o governo Bolsonaro chamou manifestações de apoio nas ruas com críticas abertas ao STF e ao Congresso Nacional, tornando tal postura a política oficial do governo eleito.

A estabilização da regressão democrática e a mudança na direção do pêndulo se apresentam na perspectiva de uma derrota do projeto de extrema direita que foi se consolidando no país a partir de 2014. Essa derrota pressupõe o retorno dessas forças ao seu leito natural na democracia e no estado de direito. As forças do mercado, o Exército e o Poder Judiciário precisam voltar a assimilar os elementos do pacto constitucional de 1988, que implicam aceitar derrotas e entender que a democracia supõe acordos de governabilidade e não a pressão ilegítima sobre as instituições. Quando esse entendimento for restaurado, o pêndulo da democracia voltará a oscilar no caminho da normalidade democrática.

Referências bibliográficas

ACEMOGLU, Daron; ROBINSON, James A. *Economic Origins of Dictatorship and Democracy*. Cambridge: Cambridge University Press, 2005.

_____. *Why Nations Fail: The Origins of Power, Prosperity, and Poverty*. Nova York: Crown, 2012. [Ed. bras.: *Por que as nações fracassam: As origens do poder, da prosperidade e da pobreza*. Rio de Janeiro: Elsevier, 2012.]

_____. "Economics versus Politics: Pitfalls of Policy Advice". *Journal of Economic Perspectives*, v. 27, n. 2, pp. 173-92, 2013.

ACKERMAN, Bruce. *We the People: Foundations*. Cambridge: Harvard University Press, 1993.

ALBUQUERQUE, Eduardo et al. "Catching up no século XXI: Construção combinada de sistemas de inovação e de bem-estar social". In: SICSÚ, João; MIRANDA, Pedro (Orgs.). *Crescimento econômico: estratégias e instituições*. Brasília: Ipea, 2009.

ARANTES, Rogério Bastos. "Direito e política: O Ministério Público e a defesa dos direitos coletivos". *Revista Brasileira de Ciências Sociais* (impresso), São Paulo, v. 14, n. 39, pp. 83-102, 1999.

ARAUJO, Cicero Romão. "Crise da representação, crise da imaginação política". In: INSTITUTO PROMETHEUS DE ESTUDO AMBIENTAIS, CULTURAIS E POLÍTICOS; FUNDAÇÃO LIA MARIA AGUIAR (Orgs.). *Rumos da cidadania*. São Paulo: Instituto Prometheus, 2010, v. 1, pp. 111-23.

ARENDT, Hannah. *Eichmann em Jerusalém: Um relato sobre a banalidade do mal*. São Paulo: Companhia das Letras, 1999.

_____. *Origens do totalitarismo: Antissemitismo, imperialismo, totalitarismo*. São Paulo: Companhia das Letras (Companhia de Bolso), 2013.

AVELINO FILHO, George. "As raízes de *Raízes do Brasil*". *Novos Estudos Cebrap*, São Paulo, n. 18, pp. 33-41, set. 1987.

_____. "Cordialidade e civilidade em *Raízes do Brasil*". Texto apresentado para discussão no GT Pensamento Social Brasileiro do XII Encontro Anual da Anpocs, Águas de São Pedro, SP, out. 1988.

AVRITZER, Leonardo. *Participatory Institutions in Democratic Brazil*. Baltimore: Johns Hopkins University Press, 2009.

AVRITZER, Leonardo. *Experiência democrática, sistema político e participação popular*. São Paulo: Fundação Perseu Abramo, 2013.

_____. "Um balanço da participação democrática no Brasil (1990-2014)". In: SANTOS, Boaventura de Sousa; MENDES, José Manuel Mendes (Orgs.). *Demodiversidade: Imaginar novas possibilidades democráticas*. Belo Horizonte: Autêntica, 2017.

_____; MARONA, Marjorie. "A tensão entre soberania e instituições de controle na democracia brasileira". *Dados*, Revista de Ciências Sociais, v. 60, pp. 359-93, 2017.

BAER, Werner. "Brazil's Rocky Economic Road to Democracy". In: GRAHAM, Lawrence L.; WILSON, Robert H. *The Political Economy of Brazil: Public Policies in an Era of Transition*. Austin: University of Texas Press, 1990.

BALLOUSSIER, Anna Virginia. "Bancada evangélica cresce, mas metade não obtém reeleição". *Folha de S.Paulo*, 10 out. 2018.

BAUMAN, Zygmunt. *Modernidade líquida*. Rio de Janeiro: Zahar, 2001.

BELLAH, Robert N.; HAMMOND, Phillip E. *Varieties of Civil Religion*. Nova York: Harper and Row, 1980.

BIANCHI, Alvaro. "O que é um golpe de estado?". *Blog Junho*, 26 mar. 2016. Disponível em: <http://blogjunho.com.br/o-que-e-um-golpe-de-estado>. Acesso em: 11 maio 2019.

BIELSCHOWSKY, Ricardo Alberto. "Celso Furtado e o pensamento econômico latino-americano". In: BRESSER-PEREIRA, Luiz Carlos; REGO, José Marcio (Orgs.). *A grande esperança em Celso Furtado*. São Paulo: Editora 34, 2001.

BIROLI, Flávia. "Political Violence against Women in Brazil: Expressions and Definitions". *Revista Direito e Práxis*, v. 7, n. 3, pp. 557-89, 2016.

BLYTH, Mark. *Austerity: The History of a Dangerous Idea*. Nova York: Oxford University Press, 2013. [Ed. bras.: *Austeridade: A história de uma ideia perigosa*. São Paulo: Autonomia Literária, 2018.]

BOBBIO, Norberto. *Qual socialismo?: Discussão de uma alternativa*. Trad. de Iza de Salles Freaza. Rio de Janeiro: Paz e Terra, 1983.

BOXER, Charles Ralph. *The Golden Age of Brazil: Growing Pains of a Colonial Society, 1695-1750*. Lisboa: Carcanet Press; FGC, 1995.

BOURDIEU, Pierre. "Forms of Capital". In: RICHARDSON, John. *Handbook of Theory and Research for the Sociology of Education*. Westport: Greenwood, 1986.

BRAGA, Isabel; BRÍGIDO, Carolina. "'Eu perdi a eleição para uma organização criminosa', diz Aécio Neves". *O Globo*, 30 nov. 2014. Disponível em: <https://oglobo.globo.com/brasil/eu-perdi-eleicao-para-uma-organizacao-criminosa-diz-aecio-neves-14703942>. Acesso em: 11 maio 2019.

BRASIL. *Levantamento Nacional de Informações Penitenciárias*. Brasília: Ministério da Justiça, 2015.

BRAUDEL, Fernand. *On History*. Chicago: University of Chicago Press, 1982.

BRESSER-PEREIRA, Luiz Carlos. *A construção política do Brasil: Sociedade, economia e Estado desde a Independência*. São Paulo: Editora 34, 2014.

BROOKS, Sarah M.; KURTZ, Marcus J. "Natural Resources and Economic Development in Brazil". In: SCHNEIDER, Ben Ross (Ed.). *New Order and Progress: Development and Democracy in Brazil*. Nova York: Oxford University Press, 2016.

BURGESS, Stanley M.; MCGEE, Gary B.; ALEXANDER, Patrick H. (Eds.). *Dictionary of Pentecostal and Charismatic Movements*. Grand Rapids, MI: Zondervan, 1988.

CAMPOS, Pedro Henrique Pedreira. *A ditadura dos empreiteiros: As empresas nacionais de construção pesada, suas formas associativas e o Estado ditatorial, 1964-1985*. Tese (doutorado em história). Universidade Federal Fluminense, Instituto de Ciências Humanas e Filosofia, Departamento de História. Programa de Pós-graduação em História. 2012.

CAMPELLO, Tereza; NERI, Marcelo Côrtes (Orgs.). *Programa Bolsa Família: Uma década de inclusão e cidadania*. Brasília: Ipea, 2013.

CARDOSO, Fernando Henrique; FALETTO, Enzo. *Dependência e desenvolvimento na América Latina: Ensaio de interpretação sociológica*. Rio de Janeiro: Civilização Brasileira, 1976.

CARIELLO, Gabriel; GRILLO, Marco. "E-mail reforça elo do MBL com site que amplificou 'fake news' contra Marielle". *O Globo*, 23 mar. 2018. Disponível em: <https://oglobo.globo.com/rio/e-mail-reforca-elo-do-mbl--com-site-que-amplificou-fake-news-contra-marielle-22520708>. Acesso em: 11 maio 2019.

CARVALHO, José Murilo de. *Pontos e bordados: Escritos de história e política*. Belo Horizonte: Editora UFMG, 1998.

_____. *O pecado original da República: Debates, personagens e eventos para compreender o Brasil*. Rio de Janeiro: Bazar do Tempo, 2017.

CASANOVA, José. *Public Religions in the Modern World*. Chicago: University of Chicago Press, 1994.

CHAPPUIS, Phillipe (Zep). *Aparelho Sexual e Cia.: Um guia inusitado para crianças descoladas*. São Paulo: Companhia das Letras, 2001.

CIOCCARI, Deysi. "Operação Lava Jato: Escândalo, agendamento e enquadramento". *Revista Alterjor*, São Paulo, v. 12, n. 2, pp. 58-78, out. 2015.

COLON, Leandro. "Procuradoria deve investigar Padilha após versão de Yunes sobre pacote". *Folha de S.Paulo*, 24 fev. 2017. Disponível em: <https://www1.folha.uol.com.br/poder/2017/02/1861632-procuradoria-deve-investigar-padilha-apos-versao-de-yunes-sobre-pacote.shtml>. Acesso em: 11 maio 2019.

COPOM (Comitê de Política Monetária). *Ata da 138ª Reunião do Copom*, 28 e 29 out. 2008. Brasília: Banco Central do Brasil, § 24-25.

COSTA, Emília Viotti da. *O Supremo Tribunal Federal e a construção da cidadania*. São Paulo: Editora Unesp, 1994.

COUTO, Berenice Rojas; YAZBEK, Maria Carmelita; SILVA, Maria Ozanira da Silva; RAICHELIS, Raquel (Orgs.). *O Sistema Único de Assistência Social no Brasil: Uma realidade em movimento*. São Paulo: Cortez, 2000.

DA ROS, Luciano. "O custo da Justiça no Brasil: Uma análise comparativa exploratória". *The Observatory of Social and Political Elites of Brazil*, v. 2, n. 9, jul. 2015. Curitiba: Universidade Federal do Paraná, UFPR; Núcleo de Pesquisa em Sociologia Política Brasileira (Nusp).

DAGNINO, Evelina; OLVERA, Alberto J.; PANFICHI, Aldo. *A disputa pela construção democrática na América Latina*. Campinas: Unicamp; São Paulo: Paz e Terra, 2006.

DAHL, Robert A. *Democracy and Its Critics*. New Haven: Yale University Press, 1990.

DAMATTA, Roberto. *A casa e a rua: Espaço, cidadania, mulher e morte no Brasil*. Rio de Janeiro: Rocco, 1980.

DATAFOLHA. "Democracia tem aprovação recorde entre brasileiros". *O Globo*, 5 out. 2018. Disponível em: <https://oglobo.globo.com/brasil/datafolha--democracia-tem-aprovacao-recorde-entre-brasileiros-23129317>. Acesso em: 11 maio 2019.

DIEESE (Departamento Intersindical de Estatística e Estudos Socioeconômicos). *Pesquisa nacional da cesta básica de alimentos. Salário mínimo nominal e necessário*. São Paulo: Dieese, 2017.

DILMA abre vantagem; disputa entre Marina e Aécio fica mais acirrada. *Datafolha*, 1 out. 2014. Disponível em: <http://datafolha.folha.uol.com.br/eleicoes/2014/10/1525317-dilma-abre-vantagem-disputa-entre--marina-e-aecio-fica-mais-acirrada.shtml>. Acesso em: 11 maio 2019.

DREIFUSS, René Armand. *1964: a conquista do Estado: Ação política, poder e golpe de classe*. Petrópolis: Vozes, 1980.

ELIAS, Norbert. *O processo civilizador: Uma história dos costumes*. Rio de Janeiro: Jorge Zahar, 2001.

ESCOREL, Sarah Maria et al. *Saúde da família: Avaliação da implementação em dez grandes centros urbanos*. Síntese dos principais resultados. Série C. Projetos, programas e relatórios. Brasília: Ministério da Saúde, 2002.

FANG, Lee. "Esfera de influência: Como os libertários americanos estão reinventando a política latino-americana". *The Intercept Brasil*, 11 ago. 2017.

FAORO, Raymundo. *Os donos do poder: Formação do patronato político brasileiro*. Porto Alegre: Globo, 1958.

_____. *Machado de Assis: A pirâmide e o trapézio*. Rio de Janeiro: Globo, 2001.

FEINBERG, Joel. *The Moral Limits of the Criminal Law: Harm to Self*. Nova York; Oxford: Oxford University Press, 1986.

FELDMAN, Luiz. *Clássico por amadurecimento: Estudos sobre* Raízes do Brasil. Rio de Janeiro: Topbooks, 2015.

FRAGA, Armínio. "Respostas à altura da crise". *O Estado de S. Paulo*, 13 set. 2015. Disponível em: <https://opiniao.estadao.com.br/noticias/geral,respostas-a-altura-da-crise,1761085>. Acesso em: 11 maio 2019.

FREYRE, Gilberto. *Casa-grande & senzala* [1933]. 51. ed. Rio de Janeiro: Global, 2016.

FURTADO, Celso. "Entre inconformismo e reformismo". *Estudos Avançados*, São Paulo, v. 4, n. 8, pp. 166-87, jan.-abr. 1990.

_____. *O capitalismo global*. Rio de Janeiro: Paz e Terra, 1998.

GERSCHMAN, Sílvia. *A democracia inconclusa: Um estudo da reforma sanitária brasileira*. Rio de Janeiro: Fiocruz, 1995.

GIDDENS, Anthony. *The Consequences of Modernity*. Londres: Polity Press, 1990. [Ed. bras.: *As consequências da modernidade*. São Paulo: Unesp, 2002.]

GILLMAN, Howard. *The Constitution Besieged: The Rise & Demise of Lochner Era Police Powers Jurisprudence*. Durham: Duke University Press Books, 1999.

GRUMAN, Marcelo. "O lugar da cidadania: Estado moderno, pluralismo religioso e representação política". *Revista de Estudos da Religião*, n. 1, pp. 95-117, 2005. Disponível em: <www.pucsp.br/rever/rv1_2005/p_gruman.pdf>. Acesso em: 25 abr. 2019.

HABERMAS, Jürgen. *A crise de legitimação do capitalismo tardio*. Rio de Janeiro: Tempo Brasileiro, 1980.

_____. *The Theory of Communicative Action: Reason and the Rationalization of Society*. v. 1. Boston: Beacon Press, 1984. [Ed. bras.: *Teoria do agir comunicativo: Racionalidade da ação e racionalização social*. v. 1. São Paulo: WMF Martins Fontes, 2011.]

_____. *The Structural Transformation of the Public Sphere*. Cambridge: MIT Press, 1989.

_____. *Between Facts and Norms: Contributions to a Discourse Theory of Law and Democracy*. 4. ed. Cambridge: MIT Press, 2009.

HAIDAR, Rodrigo. "TSE cassa mandato do governador Jackson Lago". *Consultor Jurídico*, 4 mar. 2009. Disponível em: <https://www.conjur.com.br/2009-mar-04/tse-cassa-mandato-governador-maranhao-jackson-lago>. Acesso em: 6 mar. 2019.

HARVEY, David. *O novo imperialismo*. 2. ed. São Paulo: Loyola, 2005.

HAYEK, Friedrich A. von. *Freedom and the Economic System* [1939]. Chicago: University of Chicago Press Economics Books; University of Chicago Press, 2012.

HELLER, Agnes. *A Theory of Modernity*. Cambridge, MA: Wiley-Blackwell, 1999.

HOLANDA, Sérgio Buarque de. *Raízes do Brasil*. Edição crítica. Org. Pedro Meira Monteiro e Lilia Moritz Schwarcz; estabelecimento de texto e notas de Mauricio Acuña e Marcelo Diego. São Paulo: Companhia das Letras, 2016.

HOLMES, Stephen. "Constitutions and Constitutionalism". ROSENFELD, Michel; SAJÓ, Andras (Eds.). *The Oxford Handbook of Comparative Constitutional Law*. Oxford: Oxford University Press, 2012.

INCT (Institutos Nacionais de Ciência e Tecnologia). Instituto da Democracia e da Democratização da Comunicação. *A cara da democracia no Brasil* (Pesquisa — Survey). Belo Horizonte, 2018.

INGLEHART, Ronald. *Modernization and Postmodernization: Cultural, Economic, and Political Change in 43 Societies*. Princeton: Princeton University Press, 1997.

JESUS, Claudiana Guedes de; GITAHY, Leda Maria Caira. "Transformações na indústria de construção naval brasileira e seus impactos no mercado de trabalho (1997-2007)". *I Congresso de Desenvolvimento Regional de Cabo Verde*, 6-11 jul. 2009, Cabo Verde. Anais eletrônicos.

KACHANI, Morris. "As aventuras de Kim". *O Estado de S. Paulo*, 5 out. 2017. Disponível em: <https://brasil.estadao.com.br/blogs/inconsciente--coletivo/o-perfume-de-kim>. Acesso em: 11 maio 2019.

KINGSTONE, Peter R.; POWER, Timothy J. *Democratic Brazil Revisited*. Pittsburgh: University of Pittsburgh Press, 2008.

LAMBERT, Jacques. "Les Obstacles au développement provenant de la formation d'une société dualiste". *Anais do Seminário Internacional Resistências à Mudança: Fatores que impedem ou dificultam o desenvolvimento*. Rio de Janeiro: Centro Latino-Americano de Pesquisas em Ciências Sociais, n. 10, pp. 27-50, 1960.

LEVITSKY, Steven; ZIBLATT, Daniel. *Como as democracias morrem*. Rio de Janeiro: Zahar, 2018.

LINZ, Juan J. "The Perils of Presidentialism". *Journal of Democracy*, The Johns Hopkins University Press, v. 1, n. 1, pp. 51-69, inverno 1990.

LONDRES, Mariana. "União gastou R$ 72,8 bilhões com o Judiciário em 2017". *Coluna do Fraga* — R7, 05 fev. 2018. Disponível em: <https://noticias.r7.com/prisma/r7-planalto/uniao-gastou-r-728-bilhoes-com-o-judiciario-em-2017-26042019>. Acesso em: 11 maio 2019.

LYNCH, Christian Edward Cyril. "Modulando o tempo histórico: Bernardo Pereira de Vasconcelos e conceito de 'regresso' no debate parlamentar brasileiro (1838-1840)". *Almanack*, pp. 314-34, 2015.

MAIR, Peter. *Ruling the Void: The Hollowing-out of Western Democracy*. Londres: Verso, 2013.

MANCUSO, Wagner Pralon. "Investimento eleitoral no Brasil: Balanço da literatura (2001–2012) e agenda de pesquisa". *Revista de Sociologia e Política* (on-line), v. 23, n. 54, pp. 155-83, 2015.

MARCHETTI, Vitor. "Governança eleitoral: O modelo brasileiro de Justiça Eleitoral". *Dados*, Rio de Janeiro, v. 51, n. 4, pp. 865-93, 2008.

MARIANO, Ricardo. "Os neopentecostais e a teologia da prosperidade". *Novos Estudos Cebrap*, n. 44, pp. 24-44, 1996.

MARSHALL, T. H. *Cidadania, classe social e status*. Rio de Janeiro: Zahar, 1967.

MARX, Karl. *O 18 de brumário de Luís Bonaparte*. São Paulo: Boitempo, 2011.

MEDEIROS, Carlos Aguiar de. *Inserção externa, crescimento e padrões de consumo na economia brasileira*. Brasília: Ipea, 2015.

MEIER, Heinrich. *Carl Schmitt and Leo Strauss: The Hidden Dialogue*. Chicago: The University of Chicago Press, 1995.

MELO, Marcus André; PEREIRA, Carlos. *Making Brazil Work: Checking the President in a Multiparty System*. Nova York: Palgrave MacMillan, 2014.

MÉNDEZ, Juan E.; O'DONNELL, Guillermo A.; PINHEIRO, Paulo Sérgio (Eds.). *The (Un)Rule of Law and the Underprivileged in Latin America* (Kellogg Institute Series on Democracy and Development). Chapel Hill: University of Notre Dame Press, 1999.

MILBRATH, Lester W. *Political Participation*. Chicago: Rand McNally, 1965.

MOORE JR., Barrington. *Social Origins of Dictatorship and Democracy: Lord and Peasant in the Making of the Modern World*. Boston: Beacon, 1966.

MOSCA, Gaetano. *The Ruling Class*. Nova York: McGraw Hill, 1939.

MOUFFE, Chantal. *The Return of the Political*. Londres: Verso, 1993.

MUSACCHIO, Aldo M.; LAZZARINI, Sergio G. *Reinventando o capitalismo de Estado: O Leviatã nos negócios: Brasil e outros países*. São Paulo: Portfolio-Penguin, 2015.

NETO, Lira. *Getúlio: uma biografia: Do Governo Provisório à ditadura do Estado Novo (1930-1945)*. São Paulo: Companhia das Letras, 2013.

NEUMANN, Franz L. *The Democratic and the Authoritarian State*. Nova York: Free Press, 1967.

NICOLAU, Jairo. *Eleições no Brasil: Do Império aos dias atuais*. Rio de Janeiro: Zahar, 2015.

NORTH, Douglass C. *Institutions, Institutional Change and Economic Performance*. Cambridge: Cambridge University. Press, 1990.

NOVINSKY, Anita. *A inquisição*. 3. ed. São Paulo: Brasiliense, 1985.

ORO, Ari Pedro; STEIL, Carlos Alberto; CIPRIANI, Roberto; GIUMBELLI, Emerson (Orgs.). *A religião no espaço público: Atores e objetos*. São Paulo: Terceiro Nome, 2013.

PARETO, Vilfredo. *The Rise and Fall of Elites*. Nova Jersey: Transaction, 1991.

PARSONS, Talcott. *The Social System*. Glencoe: The Free Press, 1951.

PESSÔA, Samuel. "Juro baixo à frente". *Folha de S.Paulo*, 24 set. 2017. Disponível em: <https://www1.folha.uol.com.br/colunas/samuelpessoa/2017/09/1921238--juro-baixo-a-frente.shtml>. Acesso em: 11 maio 2019.

PIERUCCI, Antônio Flávio. "As bases da nova direita". *Novos Estudos Cebrap*, n. 19, 1987.

_____. "Reencantamento e dessecularização: A propósito do autoengano em sociologia da religião". *Novos Estudos Cebrap*, n. 49, pp. 99-119, nov. 1997.

_____. *Ciladas da diferença*. 2. ed. São Paulo: Editora 34, 2000.

PIZZORNO, Alessandro. "An Introduction to the Theory of Political Participation". *Social Science Information*, n. 9, v. 5, pp. 29-61, 1970.

"PLEA Bargains Save Time and Money but Are too Easily Abused". *The Economist*, 9 nov. 2017. Disponível em: <https://www.economist.com/leaders/2017/11/09/plea-bargains-save-time-and-money-but-are-too-easily--abused>. Acesso em: 11 maio 2019.

PNUD (Programa das Nações Unidas para o Desenvolvimento). *Relatórios de Desenvolvimento Humano*, 1990, 2000, 2010.

POLANYI, Kark, *The Great Transformation*. Londres: Routledge and Kegan Paul, 1959.

POPPER, Karl R. *Conjecturas e refutações: O processo do conhecimento científico*. Brasília: Editora da UnB, 1980.

POWER, Timothy J. *The Political Right in Postauthoritarian Brazil: Elites, Institutions, and Democratization*. Pennsylvania: Penn State University Press, 2000.

PRIEST, Tyler. "Petrobras in the History of Offshore Oil". In: SCHNEIDER, Ben Ross. *New Order and Progress: Development and Democracy in Brazil*. Oxford: Oxford Scholarship Online, 2016.

PRZEWORSKI, Adam. "The Games of Transition". In: MAINWARING, Scott; O'DONNELL, Guillermo; VALENZUELA, J. Samuel (Eds.). *Issues in Democratic Consolidation: The New South American Democracies in Comparative Perspective*. Notre Dame: University of Notre Dame Press, 1992.

PSDB (Partido da Social Democracia Brasileira). *Ação de Investigação Judicial Eleitoral n. 194358*. Apresentada pela Coligação Muda Brasil e pelo Partido da Social Democracia Brasileira ao Tribunal Superior Eleitoral, em 18 dez. 2014.

RAHAT, Gideon; SZNAJDER, Mario. "Electoral Engineering in Chile: The Electoral System and Limited Democracy". *Electoral Studies*, v. 17, n.4, pp. 429-42, 1998.

RAMALHO, Renan. "Fux diz que Justiça pode anular uma eleição se resultado for influenciadopor 'fake news' em massa". *G1*, 21 jun. 2018. Disponível em: <https://g1.globo.com/politica/eleicoes/2018/noticia/fux-diz-que--justica-pode-anular-eleicao-se-resultado-for-fruto-de-fake-news-em--massa.ghtml>. Acesso em: 11 maio 2019.

RAMOS, Graciliano. *Memórias do cárcere*. Rio de Janeiro: José Olympio, 1953.

"RANKING de salários da USP — Infográficos". *Folha de S.Paulo*, 16 nov. 2014. Disponível em: <https://www1.folha.uol.com.br/infograficos/2014/11/117724--ranking-de-salarios-da-usp.shtml>. Acesso em: 11 maio 2019.

REIS, Fábio W. "Atualidade mundial e perspectivas democráticas". *Conjuntura política*, Belo Horizonte, v. 12, out. 1999.

_____. "Economia, instituições democráticas e evolução". *Revista Brasileira de Ciência Política* (impresso), v. 1, pp. 17-46, 2009.

_____. "Crise política: A 'opinião pública' contra o eleitorado". In: BIROLI, Flávia; MIGUEL, Luis Felipe (Orgs.). *Encruzilhadas da democracia*. Porto Alegre: Zouk, 2017.

ROSANVALLON, Pierre. *La legitimidad democrática: Imparcialidad, reflexividad, proximidad*. Buenos Aires: Manatial, 2009.

RUESCHEMEYER, Dietrich; STEPHENS, Evelyne Huber; STEPHENS, John D. *Capitalist Development and Democracy*. Chicago: University of Chicago Press, 1992.

RUNCIMAN, David. *Como a democracia chega ao fim*. São Paulo: Todavia, 2018.

SALLUM JR., Brasilio. "As raízes do Brasil e a democracia". *Sinais sociais*, Rio de Janeiro, v. 7, n. 19, pp. 40-59, maio-ago. 2012.

_____. *O impeachment de Fernando Collor: Sociologia de uma crise*. São Paulo: Editora 34, 2015.

SANTOS, Boaventura de Sousa; MENDES, José Manuel. *Demodiversidade: Imaginar novas possibilidades democráticas*. Belo Horizonte: Autêntica, 2017.

SANTOS, Wanderley Guilherme dos. *Cidadania e justiça: A política social na ordem brasileira*. Rio de Janeiro: Editora Campus, 1979.

_____. *Crise e castigo: Partidos e generais na política brasileira*. Rio de Janeiro: Instituto Universitário de Pesquisas do Rio de Janeiro, 1987.

_____. *A democracia impedida: O Brasil no século XXI*. São Paulo: FGV, 2017.

SCHATTSCHNEIDER, Elmer Eric. *The Semisovereign People: A Realist's View of Democracy in America*. Nova York: Holt, Rinehart And Winston, 1961.

SCHMITT, Carl. *O conceito do político*. Belo Horizonte: Del Rey, 2009.

SCHNEIDER, Ben Ross. *New Order and Progress: Development and Democracy in Brazil*. Oxford: Oxford Scholarship Online, jun. 2016.

SCHUMPETER, Joseph Alois. *Capitalismo, socialismo e democracia*. Rio de Janeiro: Zahar, 1984.

SCHWARCZ, Lilia M.; STARLING, Heloisa M. *Brasil: Uma biografia*. São Paulo: Companhia das Letras, 2015.

SCOTT, Robert E.; STUNTZ, William J. "Plea Bargaining as Contract". *Yale Law Journal*, v. 101, n. 8, pp. 1909-68, jun. 1992.

SILVA, Vagner Gonçalves da (Org.). *Intolerância religiosa: Impactos do neopentecostalismo no campo religioso afro-brasileiro*. São Paulo: Edusp, 2007.

SINGER, André. "Cutucando onças com varas curtas: O ensaio desenvolvimentista no primeiro mandato de Dilma Rousseff (2011-2014)". *Novos Estudos Cebrap*, edição 102, v. 34, n. 2, jul. 2015.

_____. *O lulismo em crise: Um quebra-cabeça do período Dilma (2011-2016)*. São Paulo: Companhia das Letras, 2018.

SINGER, André; LOUREIRO, Isabel (Orgs.). *As contradições do lulismo: A que ponto chegamos?*. São Paulo: Boitempo, 2015.

SKIDMORE, Thomas E. *Brasil: De Getúlio a Castello (1930-64)*. São Paulo: Companhia das Letras, 2010.

SOUZA, Celina. "Regras e contexto: As reformas da Constituição de 1988". *Dados*, Revista de Ciências Sociais, Rio de Janeiro, v. 51, n. 4, pp. 791-823, 2008.

SOUZA, Giselle. "Após processo polêmico, Marianna Fux toma posse como desembargadora". *Consultor Jurídico*, 14 mar. 2016. Disponível em: <https://www.conjur.com.br/2016-mar-14/processo-polemico-mariana--fux-toma-posse-tj-rj>. Acesso em: 29 abr. 2019.

SOUZA, Jessé. *A modernização seletiva: Uma reinterpretação do dilema brasileiro*. Brasília: UnB, 2000.

_____. *Patologias da modernidade: Um diálogo entre Weber e Habermas*. 2. ed. São Paulo: Annablume, 2005.

_____. *A elite do atraso: Da escravidão à Lava Jato*. Rio de Janeiro: Leya, 2017.

STARLING, Heloisa Murgel. "Onde estão os repúblicos? A crise e a república no Brasil contemporâneo". In: STARLING, Heloisa Murgel; BOTELHO, André (Orgs.). *República e democracia: Impasses do Brasil contemporâneo*. Belo Horizonte: Editora UFMG, 2007, v. I, pp. 99-122.

SUNSTEIN, Cass R. Lochner's Legacy. *Columbia Law Review*, v. 87, n. 5, pp. 201-47, 1987.

_____. *Designing Democracy: What Constitutions Do*. Oxford: Oxford University Press, 2001.

THERBORN, Göran. "Science, Class and Society: On the Formation of Sociology and Historical Materialism". *Science and Society*, v. 41, n. 3, pp. 375-8, 1977.

TOCQUEVILLE, Alexis de. *Democracy in America*. Nova York: Harper & Row, 1966. [Ed. bras.: *A democracia na América: Leis e costumes*. Livro I. São Paulo: Martins Fontes, 2014; *A democracia na América: Sentimentos e opiniões*. Livro II. São Paulo: Martins Fontes, 2014.]

URICOECHEA, Fernando. *O minotauro imperial*. São Paulo: Difel, 1978.

VELIZ, Claudio. *The Centralist Tradition of Latin America*. Princeton: Princeton University Press, 1980.

WARREN, Kenneth F. *In Defense of Public Opinion Pooling*. Boulder: Westview Press, 2002.

WEBER, Max. *Ensaios de sociologia*. Rio de Janeiro: Zahar, 1979.

_____. *The Protestant Ethic and the Spirit of Capitalism*. Nova York: C. Scribner's; Londres: G. Allen & Unwin, 1930. [Ed. bras.: *A ética protestante e o "espírito" do capitalismo*. São Paulo: Companhia das Letras, 2004.]

WEFFORT, Francisco C. *O populismo na política brasileira*. 2. ed. Rio de Janeiro: Paz e Terra, 1980. (Estudos Brasileiros, v. 25).

ZWEIG, Stefan. *Brasil: Um país do futuro*. São Paulo: Editora Guanabara, 1941.

Normas e leis

BRASIL. Constituição da República Federativa do Brasil de 1988. Disponível em: <http://www.planalto.gov.br/ccivil_03/constituicao/constituicaocompilado.htm>. Acesso em: 30 abr. 2019.

_____. Constituição dos Estados Unidos do Brasil, de 18 de setembro de 1946. Disponível em: <http://www.planalto.gov.br/ccivil_03/constituicao/constituicao46.htm>. Acesso em: 30 abr. 2019.

_____. Decreto-Lei nº 2 848, de 7 de dezembro de 1940. Código Penal. Redação dada pela Lei nº 13 715, de 24 de setembro de 2018. Altera o Decreto-Lei nº 2 848, de 7 de dezembro de 1940 (Código Penal), a Lei nº 8 069, de 13 de julho de 1990 (Estatuto da Criança e do Adolescente), e a Lei nº 10 406, de 10 de janeiro de 2002 (Código Civil), para dispor sobre hipóteses de perda do poder familiar pelo autor de determinados crimes contra outrem igualmente titular do mesmo poder familiar ou contra filho, filha ou outro descendente. Disponível em: <http://www.planalto.gov.br/ccivil_03/_Ato2015-2018/2018/Lei/L13715.htm>. Acesso em: 30 abr. 2019.

_____. Emenda constitucional nº 95, de 15 de dezembro de 2016. Altera o ato das disposições constitucionais transitórias, para instituir o novo regime fiscal, e dá outras providências. Disponível em: <http://www.planalto.gov.br/ccivil_03/constituicao/emendas/emc/emc95.htm>. Acesso em: 30 abr. 2019.

_____. Lei Complementar nº 101, de 4 de maio de 2000. Estabelece normas de finanças públicas voltadas para a responsabilidade na gestão fiscal e dá outras providências. Disponível em: <http://www.planalto.gov.br/ccivil_03/leis/lcp/lcp101.htm>. Acesso em: 30 abr. 2019.

_____. Lei Complementar nº 135, de 4 junho de 2010. Altera a Lei Complementar nº 64, de 18 de maio de 1990, que estabelece, de acordo com o § 9º do art. 14 da Constituição Federal, casos de inelegibilidade, prazos de cessação e determina outras providências, para incluir hipóteses de inelegibilidade que visam a proteger a probidade administrativa e a moralidade no exercício do mandato. Disponível em: <http://www.planalto.gov.br/ccivil_03/leis/lcp/lcp135.htm>. Acesso em: 30 abr. 2019.

_____. Lei nº 1 079, 10 de abril de 1950. Define os crimes de responsabilidade fiscal e regula o respectivo processo de julgamento. Disponível em: <http://www.planalto.gov.br/ccivil_03/leis/l1079.htm>. Acesso em: 30 abr. 2019.

_____. Lei nº 3.373, de 12 de março de 1958. Dispõe sobre o plano de assistência ao funcionário e sua família, a que se referem os arts. 161 e 256 da lei nº 1 711, de 28 de outubro de 1952, na parte que diz respeito à previdência. Disponível em: <http://www.planalto.gov.br/ccivil_03/LEIS/1950-1969/L3373.htm>. Acesso em: 30 abr. 2019.

BRASIL. Lei nº 10 406, de 10 de janeiro de 2002. Institui o Código Civil. Disponível em: <http://www.planalto.gov.br/ccivil_03/leis/2002/l10406.htm>. Acesso em: 11 maio 2019.

_____. Medida Provisória nº 736, 12 de maio de 2016. Abre crédito extraordinário, em favor de Transferências a Estados, Distrito Federal e Municípios, no valor de R$ 2 900 000 000,00, para o fim que especifica. Disponível em: <https://www.congressonacional.leg.br/materias/medidas-provisorias/-/mpv/126317>. Acesso em: 30 abr. 2019.

DISTRITO FEDERAL. Ação Direta de Inconstitucionalidade (ADI) 4439. Disponível em: <http://www.stf.jus.br/arquivo/cms/noticiaNoticiaStf/anexo/ADI4439AM.pdf>. Acesso em: 30 abr. 2019.

SUPREMO TRIBUNAL FEDERAL. Ação Penal 470. (Mensalão)

Pesquisas e dados

Eseb (Estudo Eleitoral Brasileiro)

INCT (Institutos Nacionais de Ciência e Tecnologia). Instituto da Democracia e Democratização da Comunicação

TSE (Tribunal Superior Eleitoral), 2018

© Leonardo Avritzer, 2019

Todos os direitos desta edição reservados à Todavia.

Grafia atualizada segundo o Acordo Ortográfico da Língua
Portuguesa de 1990, que entrou em vigor no Brasil em 2009.

capa
Bloco Gráfico
obra da capa
Marcius Galan, "Como dobrar uma bandeira, como desdobrar"
composição
Jussara Fino
preparação
Tato Coutinho
Tomoe Moroizumi
checagem
Luiza Miguez
revisão
Huendel Viana
Valquíria Della Pozza

1ª reimpressão, 2019

Dados Internacionais de Catalogação na Publicação (CIP)

— —

Avritzer, Leonardo (1959-)
O pêndulo da democracia: Leonardo Avritzer
São Paulo: Todavia, 1ª ed., 2019
208 páginas

ISBN 978-65-80309-45-0

1. Situação política no Brasil 2. Democracia
3. Ciência política I. Título

CDD 320.981

— —

Índice para catálogo sistemático:
1. Situação política no Brasil 320.981

todavia
Rua Luís Anhaia, 44
05433.020 São Paulo SP
T. 55 11. 3094 0500
www.todavialivros.com.br

fonte
Register*
papel
Munken print cream
80 g/m²
impressão
Geográfica